[法] 让-保尔·萨特 —— 著

沈志明 —— 译

澄明之境及其隐蔽面

马拉美

人民文学出版社

著作权合同登记号　图字 01-2022-5162

图书在版编目(CIP)数据

马拉美:澄明之境及其隐蔽面/(法)让-保尔·萨特著;沈志明译. —北京:人民文学出版社,2023
ISBN 978-7-02-018229-9

Ⅰ.①马… Ⅱ.①让…②沈… Ⅲ.①马拉美—评传 Ⅳ.①K835.655.6

中国国家版本馆 CIP 数据核字(2023)第 168398 号

责任编辑　黄凌霞
装帧设计　黄云香
责任印制　任　祎

出版发行　人民文学出版社
社　　址　北京市朝内大街 166 号
邮政编码　100705

印　　刷　三河市博文印刷有限公司
经　　销　全国新华书店等

字　　数　101 千字
开　　本　787 毫米×1092 毫米　1/32
印　　张　7.25　插页 3
印　　数　1—3000
版　　次　2023 年 9 月北京第 1 版
印　　次　2023 年 9 月第 1 次印刷

书　　号　978-7-02-018229-9
定　　价　59.00 元

如有印装质量问题,请与本社图书销售中心调换。电话:010-65233595

目　次

〰〰〰〰

① 编者按语："一旦某个目的归于人类，一旦这个目的完成了，一旦人们将此视为现实，那一切就完蛋了：人类变成蚂蚁，感性认识便扎根于人类。"这个想法在萨特笔下成为马拉美自身的写照，也是萨特自身的写照，他一部分作品没有完成。1952年动笔写的这篇散论就像是其中一例。至于马拉美，他死时好像才开始撰写"伟大的著作"，心知肚明自己被上天选定，那就意味着这个崇高目的是永远达不到的。

介　绍

　　萨特撰写这部传记梗概时，尚未掌握后来《家中的低能儿》时代的方法论技能，却熟门熟路地钻进马拉美世界的中心。他用"说谜语的斯芬克斯"① 词语把马拉美思想最奇妙的表述变成他自己的表述，调用马拉美的诗句，或相反，有时使他自己的说法具有诗一般的情调，尽管萨特一点也不认为自己是诗人。不妨阅读本书一些篇章，便可注意到那种突显母亲的目光与在场于世的品质之间的联系。这种出人意料的方式大概出于对马拉美的特殊敬重吧，出于阅读马拉美

----

① 　斯芬克斯，希腊神话中带翼狮身女怪，但凡不能解答她提出谜语的人，一概被她吞噬。俄狄浦斯解开了她的谜，她便从岩崖跳下身亡。此处系指晦涩难懂之意。

感受到的愉悦吧。1948 年，他给西蒙娜·德·波伏瓦的信中写道："《骰子一掷……》①令我倾倒，严格意义上讲是存在主义诗篇……"毋庸置疑，哲学家面对偶然性障碍与诗人遭受机遇纠结颇有共同之处，萨特不需花费很大力气去感受马拉美所体验的本体论灾难。

反之亦然，马拉美难道没有趁相同契机进入萨特的身心吗？萨特的读者或许将发现某些格有马拉美风格的形象（"火的互易性""逃脱的客体是个缺失的客体"）、螺旋形模式（参见《伊巨图尔》②），从此萦绕他的作品。"人们自由地跟已故之人打交道，"萨特如是说，"跟故世之人打交道久了，有时分手之后，依然难忘。"

关于这部作品的历程有以下几个细节：有关马拉

---

① 《骰子一掷……》的全名是：《骰子一掷，绝不会消除偶然性》，这是一篇相当晦涩的作品，却是马拉美最重要的作品之一，是构思了一辈子而没能写成的"唯一的作品"的一个片段。估计动笔于 1867 至 1870 年之间，但至死未完成。

② 《伊巨图尔》写于 1867 至 1870 年之间，马拉美在法国南部阿维尼翁担任高中英语教师时期，于 1925 年才出版公布于世。

美的最初笔记很可能与《伦理笔记》①（1947—1948）是同一个时代的。反正后者经常涉及前者。萨特暂时放下马拉美之后，专攻《圣热内》，起初只是为热内著作写个序，上手后却一发不可收，从1949年写到1951年，也许其间时不时两者同时进行。不过，尽管萨特逐渐投入让·热内，十九世纪末的"精神丑角"马拉美一直留在他的视野中。《圣热内，演员和殉道者》（1952）充斥马拉美用语。这两位诗人面对创作的态度往往相向而行。1952年萨特重操《伦理笔记》，几个月后再次搁笔。直至1960年他还不想永远将其束之高阁。

关于本书内容：这篇未完成散论刊登在1979年《斜视》杂志上，标题为《马拉美的介入》，早于1952年就写好的，萨特没有重新修订就发表了；其次是他在同年写的一篇文章，于1953年由雷蒙·克诺②（1903—1976）第一次发表，然后转载于《著名作家》

---

① 这是萨特成熟时期的未完成巨著，他生前一直压着不发表，他于1980年去世。继承人按其遗嘱由加利马出版社于1983年出版。

② 雷蒙·克诺（1903—1976），法国著名作家，批评家。

第三卷充当《马拉美诗集》序言，由玛泽诺出版社出书，再后收入加利马《诗歌》丛书（1966），最后收入《处境种种》第四卷。我们觉得把这篇文章收进本书很有好处，理由有二：其一，尽管篇幅简短，却有益于补充第一篇文章的论据，因为原先的立论悬而未决；其二，它曾被大片删节，我们重新插入几页未发表过的文字，下面解释为什么。

虽然我们能够查阅文章手稿，但作品主要部分的手稿却始终找不到。所以，我们一般遵循《斜视》杂志文章，校正了释读的错误，填补几处遗漏，多亏先前文本几个片段。这些增补在注释中均有说明。我们不知道现在的文本是否还有其他缺页。

阿莱特·艾凯因-萨特

马拉美的介入

一 无神论的继承者们①

1848年：君主政体的垮台剥掉资产阶级的"外衣"（马克思语）②，顷刻之间，诗，失去了两个传统主题：大写的人和上帝。

先讲上帝：彼时的欧洲刚获悉令人瞠目结舌的消息，虽然现今已受到一些人的质疑："上帝死了。停。未立遗嘱。"继承的口子一打开，一片惊慌失措，大写的逝者（上帝）留下什么？一些机遇吧，世人便获得一起机遇。既然由神明意志确保世人享受的

① 本书标题是我们添加的，以示区分两大部分，况且作者在手稿中已有标示。——编者注
② 参见卡尔·马克思《路易·波拿巴的雾月十八日》。又，本书绝大部分注释都出自编者，不再一一标明"编者注"，但小部分的译者注，每次皆有标明。

身份被剥夺了，那么莫里亚克所谓"寻找上帝在世人身上打下的烙印"[1] 也就徒劳无益了。他是创世的有情人，告别大写的创世之后，把深受1789年（法国大革命）憎恶的大写的自然抱在怀里。大写的自然年迈了，僵硬了，甚至不再奉献目的论依然可爱的遗迹了，而先前，目的论证明革命者的希望有根有据。分析能力作为资产阶级的特别武器，把君主政体的重大综合因素识破之后，无声无息地、几乎不知不觉地终于识破自身起源的存在这座最终综合因素的完美大厦，总之，识破了产生和支配各个部分的整体。大天下解体了，大自然只不过是尘埃的无限飞舞；世人生活在稠腻的神秘变化中，预感到自己患有不露声色的矿物性。

资产者面对这类不由自主的谋反者倍感恐怖，就像他们的先辈，从前过失弑君，把路易十六活活处决了；他们感到犯下一个无法补赎的错误，于是各自互相推诿责任，却枉费心机。为此，资产阶级无法掩饰

①　引自法国大作家弗朗索瓦·莫里亚克（1885—1970）《上帝面前的三个伟人：莫里哀、卢梭、福楼拜》，大厦出版社，1930年巴黎。

自己永远背负这项罪名：谋杀君主或上帝是一码事儿。不管怎么说，上帝死了，无神论成了资产阶级意识形态不可分割的部分，使资产阶级的大观念得到补充，以臻完善。亨利·居尔曼非常正确地指出："路易十八或查理十世治下出生的一代，即法国去基督教信仰时代，也即旧制度（1789 年的王朝）末期，在知识阶层的筹备下，正以空前的方式扩展到社会各个阶级，甚至受到教权的重拳怂恿……在帝制统治下，尤其在王朝复辟时期（1814—1830），在那么多法国家庭中，基督教信仰就这样消逝了，就这样蒸发了，确是具有巨大意义的一个历史事实。"① 确实，去基督教化尤其是在王朝复辟时期进行的，到了路易·菲力浦时代已既成事实。

可是，新资产者不能失去信仰，因为他们从未有过信仰嘛。于是，他们只能为灾难的后果吃不了兜着。这不，只在这个时候，全知上帝不在场开始让人不寒而栗：父辈们专心致志于战斗，无暇顾及思想解放；孩儿们咬着牙生闷气，估计着后果，总不能过多

① 亨利·居尔曼（1903—1992），法国评论家。引自其《面对人生与上帝的福楼拜》，普隆出版社，1939 年巴黎。

奢望万能的神明使他们自信满满，并保护他们去对付民众吧。但他们的父辈人微权轻，不肯让他们接受宗教的援助。作为过度样态，为终结盲目的载体，世人必须断然希望，有别于其他的社会组合部分。假如大宇宙化为一堆无秩序的元子①，那么精神秩序建立在什么基础上呢？假如大人类只是一种类别，那么社会等级建立在什么基础上呢？假如高等应通过低等来解释缘由，那么精英至上建立在什么基础上呢？逆来顺受呗，那怎么对这种忍耐进行说教？高尚的受苦？假如另一个世界没有幸福，怎么回答那些想在这个世界得到幸福的人呢？上帝带着其挖坑的掘墓者一起进入坟墓。巴朗特②写道："罪恶寓于大社会。"莫勒③则写道："社会基础无遮无掩。"莫非他们试图重新找到失去的信仰？那是走回头路呀。他们心知肚明过去不会重新开始，有可能为了辩论的需要有时佯装信仰。资产阶级失魂落魄地发现自己的使命：铲除贵族

① atome，原子(物理、化学用语)，此处取哲学用语：元子。
② 巴朗特(1782—1866)，法国历史学家，法兰西学院院士。
③ 莫勒(1781—1855)，曾任路易-菲力浦国王的首相(1836—1839)，法兰西学院院士。

阶级，然后自我灭亡，以便一个陌生的社会秩序从其死亡中诞生：资产阶级，它，只是个过渡而已，无论从时间，还是从空间来说，它只是个中等阶级。

诗人们的愤怒很骇人。愤怒到极点的诗人们突然对大写的人表露他们的憎恨：大写的人原来是个骗子，万万不该充当上帝的儿子。福楼拜是始作俑者，他写道："谢天谢地，我倒是从来没有受过世人的罪……我恨我的同类。"① 勒孔特·德·李勒②则有过之而无不及，他神经高度紧张，竭力惊呼：

> 世人哪，世人的继承者，积恶的继承人，
>
> 带着你死掉的地球和消失的诸神，
>
> 飞吧，肮脏的灰尘……③

抑或：

> 世人哪，杀戮诸神的屠夫们，时候不远了，
>
> 时候一到……

---

① 参见福楼拜致路易丝·科莱特的信（1853 年 5 月 26 日）。
② 勒孔特·德·李勒（1818—1894），法国诗人，巴那斯派诗人首领。
③ 引自勒孔特·德·李勒《诅咒》，收入《蛮族诗集》。

你们死定啦……①

他很自然地惋惜道：

羞于思想，厌于做人。②

再清楚不过了："杀戮我们的诸神！之后呢？我们哪，我们成什么啦？这可不是几锤子买卖的事儿。"无论他们对自己的怀疑主义，还是死要面子自吹自擂，反正全部怨恨自己的家庭：人家把他们"造成"无神论者，他们在拥有自我决定权之前就不得不"承受"去基督教化。诚然，父母总在没有征求儿女们同意就选定忏悔，但儿女们至少保留着失去信仰的许可吧。不过，半个世纪的年轻人抱怨损害他们的自由更为严重的却是，人家没有征求他们同意就给他们举行不信宗教的洗礼；然而，如果说信仰可以失去，无神论却不可失去。此话再实在不过了，之后"基督回归"尝试多次，在他们身上留下的则是他们硬说已超越了不信宗教。自 1850 年以降，信仰变成

① 引自勒孔特·德·李勒《致现代派》，同上。
② 引自勒孔特·德·李勒《致一位已故诗人》，收入《悲剧诗集》。

一种否定之否定。任何东西都阻挡不了我们生活在上帝已经离去的世界。若想相信上帝，就得说尽管上帝不在了，机灵鬼会说因为上帝不在了；若固执预言宗教最后胜利，也得先承认宗教遭到可怕的失败。不过1850年的诗人们彻骨透心感到，不信教产生雷霆万钧之势的进步在欧洲历史上划出一道鸿沟。他们是这道无法弥补的裂缝见证人和第一批受害者。

因为，正是拉马丁、雨果、维尼的诗糊弄了他们的童年，正是按照这三位光荣的生命历程来设计他们未来的职业生涯。早在二十年前，大写的诗自信是一种认识方式：诗人从繁星中解读大真理。也许浪漫派中有几个无神论者，即使对他们而言，上帝并没有死亡，只不过上帝不存在了。把上帝的大写人体除掉了，却保留神明这个理念：谁都不会怀疑存在大真、大善、大美，即绝对的真、善、美；谁都不会质疑诗人的大使命。总之，人们很少用心思考可让信仰和不信仰和平共处。波德莱尔（1821—1867）介于上下世纪之间，可以被上下拉拢，以求声望，他有瞒天过海的艺术本领，利用上帝来抒发内在的心醉神迷，同时又拒绝承认上帝的存在。维尼本人，有时非常接近不可知论，用诗兴妄想的可靠直觉来对抗推论的认识：

"妄想之所以神圣、之所以将其视为神圣，是因为我们的灵魂对我们出生前已经认识的神圣事物的记忆在我们身心变得如此鲜活，使我们仿佛觉得早已投入上帝的怀抱，难道不是吗？我们难道没有认识到推理是一种武器，对谬误和对真理，同样有用吗？所以我们只能在那样罕见的时刻自我作证已经升华到感知真、善、美了，我们的灵魂想起上帝之美时插上翅膀回到上帝身旁，亲眼目睹上帝之美，围绕上帝飞翔，倍感对上帝刻骨铭心之爱，只见得宇宙充满上帝神明的光辉。"①

然而，这些轻诺虚信又轻浮草率的先父们，哪里知道他们严肃刻苦的子孙们不可避免地要面对现实：对他们而言，无神论和诗人的大使命都与别人发明的理念不搭界，因为对别人的思想只能掌握轮廓，尽力去体验罢了。他们觉得无神论和诗人的大使命已经寓于自己身心，仿佛上一代人遗传下来的，仿佛已经被别人思想过的思想，在他们看来是一种后退。无法掩

---

① 引自维尼《达佛涅女神》，参见《维尼全集》第二卷，七星文库，加利马出版社。

盖，不得不接过手来，将其推至极端，并做出结论。当他们刚投入其间，马上发现天赋的观念吃瘪了，天赐的启示熄灭了，柏拉图哲学大真理变成了大幻觉。甚至在弄明白这个把戏之前，他们已经输得精光：他们诗意盎然的沉思录首要主题，他们的天才保证，他们的地位和他们的饭碗，全部失去了。他们甚而至于觉得一句美的诗是一个绝对的事件，一个心智世界①的战栗。但，他们突然明白只有上帝的目光才能给他们的诗句赋予他们所期望的无限雄浑，向世人要求这种天赐的荣耀，显而易见，现在的世人是不可能给他们的：科学向他们揭示人类是要死亡的，只需一场天体失序便给人类历史画上一个最终的句号：他们原来无意之间指望上帝能使他们名垂千古。如此这般，他们的诗便悬在半空中，不可落地生根，只不过是祈祷、感恩和牺牲，但他们"不再相信"他们所诉求的上帝了。上帝死亡，诗回归原位，正本清源，落得个绝望的唯名论。充满灵感的诗韵声，即便偶然给世人带来某些愉快，但至关重要吗？世人即尘埃，红尘

---

① 哲学用语。此处指柏拉图以心智世界对照感性世界。

即世人之愉悦，一切回归虚无。

唯一的希望依然存在：诗，假如放弃担当心智世界的镜子，能不能从自身的不幸中挖掘一种崭新的使命："诗品"？只要诗品存在，便足以使世人摆脱物质而升华。假如诗品证明仅凭自身就能产生了大写的自然产生不了的效应，即不可还原的合成，那世人或许摆脱得大写的自然。只叫创造。只有上帝办得到。但上帝不存在：在大写的自然中"既无消亡也无创造"。假如诗人想试一试，怎么办？有两种办法可获得公认来对付：被变创造物或自成创造者。第一种出路已堵死，谈一谈第二种出路吧。这类诗人举棋不定，足以消除基督教残存信奉者所散布的荒诞传言：不，我们的祖辈们并没有被疯狂的傲慢逼到弑神灭教的地步。恰恰相反，上帝驾崩没有随之引起自杀风潮。大写的诗之所以一时被诱惑去继承天赐遗产，竭力在极小的范围内创作，是因为被逼消亡或经受考验，直至他们的天职受到怀疑。信仰盛行时期，天赋是平民的贵族名望：上帝给诗人们额头上烙下印章，他们是天赋人权的诗人。至于灵感，则是美惠的世俗名称。既然射落一只麻雀都需上天的特许，要让话语一开口落地，就得另一种天意特许；既然一切行为皆需超自然的协助，缺少创世的颂扬者就不可思议了。总之，诗人只是号角，灵感来自上帝，天堂发出青铜或紫铜乐器的声音，闻声飘然若仙的世人不由自主冲向天空，拨开通道，直上云霄。在杀害大写的父辈们之后，诗兴只是疯狂的一种奇特形式而已。在烈酒的人为助兴下，一句好诗只不过是一次机遇、一个诀窍组合，动点小脑筋就大有可能搞成。诗人像个"奇形怪状的大号角"[1] 般使大写的自然发出咆哮的回响。恼恨促使诗人否定一切形式的灵感。这不，正好有个外国诗人的作品刚翻译出版[2]："运气和费解是爱伦·坡两个最大的敌人……他的天性是格外喜欢分析、组合和盘算。"[3] 这位诗人为作诗制定规则，原则上排除诉求"天赐诗兴"："一个想法……适用于选择一个印象或一个要产生的效果，这里我认为最好指出，经过构建的辛劳，始终保住眼前的计划，但作

---

[1] 马拉美语，引自《晦气》，参见《马拉美全集》第29页，七星文库，加利马出版社。

[2] 指波德莱尔翻译爱伦·坡。

[3] 引自波德莱尔翻译爱伦·坡《乌鸦》的序言。

品受到普世的重视。"① 大写的诗成为一门技艺，这是圣言(上帝之圣言)消失的直接后果。我关心这种后果的同时，情不自胜地注意到诗人对读者公众彰显的敌意。诗人吟诵时，让周围的人们被他激情有所感染；沟通感情嘛。诗人在上帝被剥夺之后，刻意对读者们施加影响，向他们传递自己感觉不到的激情。他操纵感情，无动于衷，冷若冰霜，毫不在乎神奇，尽管对创造神奇的手段了如指掌。不管怎么说，对于勒孔特·德·李勒来说倒是一件幸事：倘若人们继续相信那些难以解释的强力，这位不幸的诗人就掩盖不了多久他的极端无知。肥皂泡里的一个闷屁暂且无伤大雅，但水泡终将爆裂。勒孔特·德·李勒绝顶聪明，把自己培养成理论家，并把自己辛勤的劳作徒劳无益地强加给两代人②。十五年之后，一个年轻的业士生③，天赋极高却懒怠散漫，倒还用心写作，患有一

---

① 引自爱伦·坡《一首诗的创作来源》。
② 参见萨特《家中的低能儿》第三卷，作者为勒孔特·德·李勒撰写简要的评传，对他的文学动机了如指掌。此巨著收入加利马哲学丛书，1972年。
③ 法国中学毕业会考及格者，该制度一直延续至今，从未间断。此处暗指魏尔兰(1844—1890)，法国著名诗人。

点受虐色情狂：

> 啊！美妙而君临的灵性。
>
> 白鸽，圣灵，神圣的诗兴，
>
> 适逢其时的暧昧，殷勤激昂的感情，
>
> 加布里埃尔与他的诗琴，阿波罗与他的
> 竖琴，
>
> 啊，灵感，我们十六岁时乞怜过的灵性，
>
> 我们需要自己至高无上的诗人，
>
> 我们不信仰却敬仰的诸神。
>
> 必需剪刀裁布似的推敲词语，
>
> 必需冷静撰写激奋动情的诗。
>
> 可谓大写的顽强，可谓大写的意志，
>
> 我们责无旁贷，我们孜孜以求，
>
> 闻所未闻的努力，举世无双的战斗……①

强调把灵感归属于信仰，这再好不过了。魏尔兰却既摒弃灵感又弃绝信仰。这种苦修的劳作结果又如何呢？不敢予以置评。人家宣称"精雕细刻"，"用思想这把凿子雕刻美的处女石"。然而，如此生产出

---

① 引自魏尔兰《农神体诗》跋 Ⅲ。

来的作品，会是什么样子？作为创作，它足以把人类的印记烙在介质上吗？在唯有一次闪烁中必须同时产生介质和形状吗？问题依然没有答案。谁都没有自信宣称自己是创造主，谁也没有勇气供认我们被禁止创造。那么拭目以待吧。

这些优秀劳动者，我们可以称他们为无神者吗？想必不可以吧，他们沉浸在精神的光辉中。那么他们是些信徒吗？倒也不是。他们是上帝的孤儿，感受到恰似肢体毁形的"灭顶之灾"①。他们活在世上，倍感无所适从，不知为什么出生，所以憎恶自己这个偶然性。时而他们感到自己身心充斥一种模糊而多余的生命，膨胀得令他们惶恐，时而他们觉得一个机灵的死神潜入世人和世事，古怪的称呼：诗神。这些难以为情的非信教者，远非鄙视其长辈的梦想，而是与浪漫主义的主将们为伍觉得自己太渺小了。差一点他们就承认自己属于发育不全的早产儿。他们不具备1830年代泰坦们②贵胄，也未染上波德莱尔傲慢的辛酸。诚然，他们不敢自称抒情诗人或行吟诗人，甚至

①　维尼语，出自其著作《军事奴役和威严》。
②　暗喻雨果、拉马丁、维尼、缪塞、戈蒂耶。

没有勇气宣告自己是忤逆诗人；即使抱怨，也是低声下气的，所以不会遭受诅咒，也入不了永劫不复的地狱。他们"晦气"而已。他们感到有点衰老，有的哈喇味，兴奋不起来。他们宣称自己：

> 衰老了……
>
> 苦修厄运而无自尊的不幸者……
>
> 这些哈姆雷特被愚蠢的苦恼浸泡……①

他们至少能够胸怀伟大的激情吧？根本做不到：

> 他们觊觎憎恨，却只获得怨恨。②

他们忧郁伤感于生不逢时，有的却是：

> 多灾多难和焦虑不安。
>
> 意象，惴惴不安且虚弱衰竭，
>
> 使他们的理智力化为齑粉。
>
> 他们的血管里如同毒药般翻云覆雨，
>
> 熔岩般滚烫，却难逢岩浆流淌卷滚，
>
> 把他们自行崩坍的可悲大理想煎炸得噼啪

---

① ② 引自马拉美《晦气》，参见《马拉美全集》第 1410—1411 页。

作响。①

　　然而，好歹得让这个世纪中叶的孩子（斯泰凡）高歌呀。那么他的歌唱对象是什么？唉，就是他的长辈们已经选择的那个对象呗。但那是空心的啊。长辈们敬仰上帝在场，他却抱怨上帝不在场。长辈们想炫耀神明照亮的宇宙，他却描绘被熄灭的光明和笼罩世界的黑暗。长辈们感谢上帝让他们享有充实的福分，他却怪怨整个世界使他心里空落落的。长辈们颂扬心智世界、大美、绝对真理：围绕这些至高无上的境界，最浓郁的香味和最鲜艳的色彩有时使他们觉得如梦如幻；他也会像长辈们那样展现纯真的大美、大理想，但总觉得绝对是一种梦想；唯一的大介质是大真理。上帝是他不可治愈的伤口：他拿伤口示众。他的躯体时不时甚至模仿自己灵魂的缺陷；体验到的上帝死亡将变成某种轻微的肺结核病。

　　总之，马拉美一劳永逸地选定了他的诗歌主题：非实在。为了满足他的怨愤吗？当然，他逼迫大科学和父辈们作证：喏，这都是你们把我造成的德行。甚

<hr>

　　①　引自魏尔兰《从前的圣贤》，参见《农神体诗》。

至巴那斯派①不乏含有暴露癖的色彩，勒孔特·德·李勒的漠然也许掩盖其私情，却隐瞒不住其怨恨。更有甚者，这批青年充当着祭品。他们深感天地之间上演的悲剧包含着人类的牺牲，而他们正是被选定的替死鬼；他们决定主动要求这种牺牲。为此，他们必须是不可救药的，必须心甘情愿不可救药，必须终生披麻戴孝。或许我们将求助于愿意当见证人的眼睛：资产阶级毫不在意自己的绝望，弑神之所以使他们吓破胆，另有原因，而人民则识破不了缘由，也许只有上帝洞若观火……但世人恰恰在为上帝披麻戴孝。怎么办？谁是见证人呢？诗人们自己也不晓得。不过，他们觉得自己的违拗对大宇宙起到某种神秘的作用，如果他们不断说不，大写的介质就更加介质，大写的人就更加非实在。

波德莱尔出于怀念大无限，已经打算证明他超越了尘世状况，也许证明人间之外有某种东西，如无限的、绝对的、永恒的实在。比较谦逊的"农神体诗

①　巴那斯派，即高踏派，系指十九世纪中后期的一个流派，以勒孔特·德·李勒为首领，主张为艺术而艺术，而马拉美则是象征主义的主将。——译注

人们"由于愤愤不平，什么都不想证明，他们不着意主张上帝存在，哪怕采取最隐晦的形式，但执意坚持到底宣称上帝"大概应该"存在。奇怪的思路，是吧！无非是上帝存在或不存在。怀疑是允许的："普世的大怀疑，尽管服从上帝的意图，因为上帝对我们的呼唤置若罔闻，要世人不可对其抱有任何确凿的概念。"① 但怎么可能同时认为上帝不存在是显而易见的，又宣布上帝大概应该存在呢？我承认这种态度难以维持，但仔细一想，从中看出勒塞纳②先生有关自省的大运作诱惑最终导致以假乱真。他开始主张上帝应该存在，最后却宣告上帝即价值。抑或如西蒙娜·韦伊③所说，上帝无所不在就是普世不在。由此看出防守的论断显示不信上帝的尖锐性不断增加了。这里涉及"后无神论"基督教千方百计把失败转为胜利。我说的这些诗人们与之相距不怎么远了：他们不完全意识到，把"大概应该存在"当作一种更加必需的形式，因此是被上帝精神化了的形式。不，上

① 引自阿尔弗雷德·德·维尼《一位诗人的日记》。
② 雷内·勒塞纳(1882—1954)，法国哲学家。
③ 西蒙娜·韦伊(1909—1943)，法国哲学家。

帝"不是实在"。但,世人如果通过"忧郁"(波德莱尔语)作自我牺牲去证明上帝应该实在,便可劫后余生。不过也许无神论正是上帝整治诗人们的最后考验。

万能的上帝要求世人"不可对其持有任何确切的概念",而上帝则可建立宗教,硬要约伯吃尽苦头又对其忠诚不贰:莫非有可能上帝如今部署天下来说服我们他这位老天爷已经死亡?于是真正的信徒们因为无法驳斥唯物主义明显的证据而承认自己灰心丧气,于是不断宣称人世无聊透顶,以他们认可的"没落"去论证:没有上帝,大写的人是不可造就的。这种超越无神论的自我摧毁荒诞无稽、不顾明理,可视为神明的现实证据。有关上帝死亡,这种求助于上帝本身的企图只能在失败的氛围中才被理解。这类无神论者是先驱吧,他们的诗以迄今广为传播的新基督教为源泉,我建议称之为:等同失败行为的信仰。抑或,换个说法,大写的诗,为了在痛苦中体验宗教的失败,甘心情愿承受失败。但,与此同时,由于这些诗人的无宗教信仰是真心诚意的、义无反顾的,由于盛怒和怨愤促使他们比唯物主义和不信教者的否定走得更远，所以最好把这种模棱两可的、矛盾百出的、几乎无法确定的态度视为无神论幼稚病，倒不失为上策。

沦落不止于此：宗教诗的失败同时也是世俗诗的失败。世俗诗丧失君王和上帝之时，正是资产阶级透过派别恶斗窥见阶级斗争之日。彼时人们已经议论"二月大灾难"（法卢语①）。早在 8 月 15 日时《东西两半球》杂志已经刊登这样的祈祷："但愿……强力与我们同在。"一切富有阶级，正如蒲鲁东指出："对第二共和国恨得咬牙切齿。"② 有产阶级将其政治权利抛给肃清团队，作为交换，后者保障其财产权。当然人家限制文学自由：作家难道不是资产者吗？因此，作家跟大家一样出让其权利，尤其思想表达权。作家个人不签约无关紧要，既然整个阶级为他签字画押。不错，作家确实没有，或不总有大宗财富要保护，但特别在意保护既

①② 法卢伯爵（1811—1886），法国政治家，曾任教育部长，提出重要的教育立法《法卢法》此处系指 1848 年二月革命和第二共和国诞生，转引自《十二月二日政变》（公元 1851 年 12 月 2 日，即共和国年历雾月 18 日）旧译，《雾月政变》。

存秩序，也是确实的吧，因为他不可能侧耳倾听自己天性的喁喁细语，而凶狠强硬的手腕却又遏制不住外部的吵嚷。内战正在酝酿中，专家们，即鼓动者和政客们，缄口不语，诗人却瞎忙一阵；不管他属于哪一派，只要他一插手，便会连累其支持者。不管他仅限于娱乐和感化，都不行；他若越雷池一步，人家就修理他。经过有声有色的被修理，成为病态诗人，权利减少了，虽然重新竖直腰板，却什么也没得到，积怨在胸，倍感不光彩：自感充当同谋，成了替死鬼，陷入新的困惑：美文学尤其需要秩序或特别需要自由，如何作出决定？诗人已经猜到人们后来创造的说辞，强迫他们接受专制倒是极好的帮助："我们的文学一向在越受到制约、越遭到管束就越具法兰西特色……这种约束非但不会抹煞个性，反而会激励个性。"再说啦，群氓得势，诗人有什么好处？又不是他的读者公众？

　　诚然，一个艺术家应该唾弃灭教的资产阶级，但终归是资产者使他出生于世，把他养大成人。宁愿守住可耻的阶级，使之蒙受耻辱。总比将其推入鸿沟充当一丘之貉之险要好吧。不管怎么说，诗人深感内疾。他乐意像《强盗》①的主人公，以其内心戒律对抗人世可耻的运程。大写的诗全盘自省。唯一的口号：守持、等待、自卫，坚持防守至世纪末。时节似乎有利于反省：诗人会反躬自省吗？不会马上自省，眼下还在发牢骚哪：

> 今天，行动和梦想已经粉碎
>
> 历经世纪损耗的原始公约，
>
> 强力，从前诗人驾驭这匹白马，
>
> 长着翅膀闪烁光辉，喜气洋洋，
>
> 强力，现如今强力哟，却是
>
> 凶恶的走兽……②

诗歌之父③，一场失败的大战役英雄，远在那座岛上④，子弟们执意把这种隐退视为一次失败的形象，虽败犹荣，结束新的政教分离，功德圆满。他们自己在这边陆上，千方百计以某种神话般的想象他与

① 《强盗》(1781年)德国著名诗人、作家席勒(1759—1805)剧作。
② 引自魏尔兰《农神体诗》之《序诗》。
③④ 暗喻雨果，流放在英吉利海峡中与法属海域相连的孤岛上，1870年才光荣返回巴黎。

巨大的不在场遥想沟通。他们模仿他的诗，朗诵他的诗，体验他的诗，通过穿着打扮和脸部表情体现他的诗。父与子一样疯狂：前者自视为流亡的诗，后者以为体现诗的流亡。后来，老爷子归来，向尘世宣告大写的诗恢复了，可是子弟们充耳不闻：流亡已成为他们的第二天性，所谓流亡成自然。老爷子的不在场，他们自身的脱世以及上帝的永恒不在场混合为一种三位一体，其中一体是另外二体的论据。败下阵的雨果，就是死亡的上帝。诗人在这全凭运气的世界必然失败，子弟们一不小心或一时走神就会证实上帝、大写的人和大写的诗一概难以为继。一个市府发件员脱口道出整部歌剧的终结：

> ……瞧，这些歌唱团的歌手们……
>
> 用他们的歌词把人世搞得心慌意乱，
>
> 于是人世放逐他们，反过来又被他们逐放。①

整体运作就这么冒冒失失被揭示了：问题只不过在于标志的变换。大家异口同声说，在一切事物

———————

① 引自魏尔兰《农神体诗》之《序诗》。

中，负极是正极的象征。诗人经受不幸的遭遇后佯装自作自受①；从强加给他的约束中，他居然硬说看出他是被上帝遴选的标记，对人家给他规定的限制，他动容之余，忍气吞声，却顽固拒绝离开自己的位置，尽管是别人硬要他占着不动。这种阴沉的态度，人们称之为"尊严"，使服从变为挑战，使被动又变为叛逆反抗。故而诗人保持沉默就很有面子，任何人都不会邀请他发话了，或更准确地说，他会写点东西，公开告示他缄口不语了。某些主题是其禁区吗？不错，反正所有其他主题都自禁了。从1860至1900年文学缄默不干了。马拉美指出："在这样的一个时代，诗人的态度是对社会罢工，置之不顾所有可能向他奉献的肮脏手段。所有可能向他奉献的东西都比不上他的秘密工作。"② 我不认为读者大众意识到这一点。

前辈们写诗为了喜出望外，增光添彩，诗歌成为

① 引自让·科克托《埃菲尔铁塔的新婚夫妇》："既然咱们搞不懂其中奥妙，不妨假装自作自受吧。"
② 引自马拉美《论文学的演变》，参见《马拉美全集》第870页。

慷慨大度的最高形式。对其乳房源源不竭的奶水，人们赞赏其丰沛胜于其质量。埃雷迪亚[①]后来讲到拉马丁时指出："每天他慷慨奉献他的生命、他的天才……他奉献一切，包括奉献他自己。他天生就是罗马式贵族。他对人民的情感只是他伟大的灵魂一种最高度的捐赠。"十二月二日[②]以后，一切都变了：最多产的诗人每十年刚够出版一本厚厚的诗集。如此普遍的力不从心不可系于个体之骨气，应该是一个时代特征吧。当然，这是无宗教信仰的结果。虽然远非决定回归对大自然异教崇拜，但上帝死亡确实引发一种无神论的善恶二元论："虚无与实有"的对立代替了"光明与黑暗"的神秘学说之区分。"自在"消失时，生命存在的无限集积沉溺于偶然性：其中每个生命存在也许可能不实在，也许可能成为另一个实在。反正生命存在荒诞而空泛的形象把现有的一切都反射到不由自主的无神论者身上，就像反射到一块石子上或一朵玫瑰上，令他们觉得完全不适宜。于是人们把实有

①　埃雷迪亚(1842—1905)，古巴裔法国诗人，法兰西学院院士(1898)，此处引自他入法兰西学院时的演讲。

②　系指公元 1851 年 12 月 2 日，即路易·波拿巴政变成功之日。

这种直接预感称之为"烦恼"。不管怎么说，假如上帝不存在，大写的实有和大写的介质就不可交换界限。实有是分散的、惰性的、外在的。诗人非常厌恶把实有归纳为纯粹离散的介质，因为这种大写的介质否认我们所有的特权，这种残忍的平均主义指着英雄、天才、圣贤的鼻子断定"显而易见，一切实有都是相同的"①。实有、媒质、天理、天性：四项混杂，农神体诗人们嗤之以鼻，因为四项各以自己的方式，一味各行其是，各抒己见，暗中较劲儿。诗人厌恶"天然的故而庸俗的女人"，波德莱尔的原话是："女人是天然的，就是说可恶的，所以她始终庸俗，就是说，浪荡子的对立面。"② 他憎恶孵化、开花、憎恶一切似乎为上天增添的实在，他害怕自己固有的天性：生性狡诈，深藏不露。一排纽扣紧紧扣住，僵硬挺直，神态拘谨，不允许半点马虎：除非本性使然，还会沉溺于什么？他抑制自己的冲动，控制自己的性欲，因为满足即受用，而一切受用皆为实在的受

① 引自马拉美《音乐与文学》，参见《马拉美全集》第648页。
② 转引自波德莱尔《赤裸裸呈上我的心》，参见马拉美致勒费比尔的信(1867年5月17日)。

用。他讨厌女人圆鼓丰满的润泽，同样讨厌男性的汗水、汗毛以及肌肤气味。

波德莱尔这一代诗人，不怎么沉溺于孤芳自赏，倒是更乐意扮演个角色：他们至少确信自己是其中的一个角色，而且好处在于不担当这个角色。崇尚这种花招，往往促使他们以抽象的女性来炫耀自己。在这方面，他们与鸡奸者相仿，厌恶女人的现实肉体，但被作为意境的女人所吸引，仅仅因为问题在于玩弄他们不可能变成实在的东西，并在于质疑他们已成为实在的东西。他们的感情抒发，他们的不省人事，他们对纯真的情分，他们的敏锐细腻，有时他们的虚情假意，他们所有这些装腔作势，很可能被人视为鸡奸者。其实不对，除很少的例外，他们不搞同性恋。多少有点性无能，抑或性冷漠，时不时突然之间阴茎异常勃起，为此他们少不了后悔不迭，大部分时间搞点色情的勾当：触摸一番，暴露一下，抑或话语挑逗，总之，调情卖俏罢了。

可以想见诗人们厌恶浪漫主义的多产。那些1830年代的大天才们，没完没了处于产褥期，带着黏液和粪便分娩鲜活孩儿，或丑八怪和死婴。献身于大写的艺术有什么用，假如为了从中重新找到天理？难道不是冒风险把诗当成蜜而世人变成蜜蜂了吗？人们将以定量孕育替代粗俗繁殖。诗歌摒弃大量生产以便致力于质量。前辈们无节制丰产，结果引起语汇膨胀，所以诗人以少而精审美取而代之，于是人们专攻奢侈精品。诗歌新人们小心翼翼捂着他们的诗，甚至捂出便秘了，就是不给大众看，为了不让读者打开他们的诗作，用"镀金的扣环"① 封存起来，其实读者大众根本不在乎他们的诗。反正读者大众被客气地排除了，因为他们首先为自己创作，其次为同行的人和几个稀罕品收藏家。人们从迎面而来第一辆自行车的几多釉光便看到眼前出现大写的吝啬和大写的文学在为非常法兰西的双座自行车增光添彩。诚然，笔头吝啬的诗人从事创作还是有的，但世纪末之前并没有为了"惜墨如金"而创作的。

实际上，关键在于恢复一个贵族阶级。科学不是限于消灭上帝和废除大写的理想，而是通过推理和人人对可懂的真理体验建立起来的，断定"通情达理

① 引自马拉美《为大家的艺术》，参见《马拉美全集》第257页。

是人世间最受赞同的事情"(笛卡儿语)①。科学揭示:"显而易见,一切实有都是相同的。"② 与此同时,科学毁坏一切等级制度的客观原则:一方面肯定"真"可传播,另一方面破除不平等性的负面原则。资产者和诗人,他们一致哀叹预审案快速进展,正如蒙塔朗贝尔③所言:"在法国,有件事随预审案增多而扩大,那就是刑事犯罪。"福楼拜一直为之生气,勒孔特·德·李勒亦然,而温和的勒费比尔,这位邮局职员和未来的考古学家,首先发难,不久写道:"我们不再拥有足够的愚氓。"④ 持同样见解的,不乏其人。但,愚氓更多,文盲遍及法国,就会更进步吗? 错误已铸成,因为煽动者让人民确信自己能够搞清楚弄明白,只是贫困和领导者缺少诚意才使他们蒙

① 引自笛卡儿哲学专著《谈谈正确引导理性在各门科学中寻求真理的方法》,简译为《方法论》(1637)。
② 马拉美语,引自《为大家的艺术》,参见《马拉美全集》第257页。
③ 蒙塔朗贝尔伯爵(1810—1870),法国政治家、活动家、历史学家、法兰西学院院士。此处转引自《十二月二日政变》(即《雾月政变》)。
④ 引自欧仁·勒费比尔致马拉美的信(1867年5月27日),他是巴那斯的重要成员,与马拉美有过许多通信往来。

在鼓里。对实际的愚氓资产阶级不屑一顾，却需要正当性的愚氓，作为不稳定和矛盾的产物，作为渴望叫停大历史的过渡阶级。肯定人人平等，反对自己从前的主人，同时肯定自身天然的优越去压迫自己的奴隶。确实，这是有分析能力导致的结果：资产阶级自我解体，变成平民或贵族，迷失于普遍的等量，除非它恢复有利于自己的综合能力，这种能力于1789年丧失殆尽，进而再造自己不可约束的后代。至于对待无产阶级，资产阶级的态度模棱两可：执意压缩这块难以消化的大面团，把大块面团粉碎为单薄无力的个体，同时否认这些合成的实在，即阶级；希望通过隐晦的说法，不公开说明那些不可告人的真相，甚至已经泄露的真实情况，去启发劳动人民相信世上存在着生灵的等级制度。

总之，资产阶级必须抓住一切可能的时机提醒人世间存在人性，更不用说血缘和出身，顺便提及涵养、情趣、机灵以及所有可能获得的优点即可。一个"优越的"阶级看到自己的优势被质疑，就有可能运用神秘的学说来自卫，姑且不去预断采取更有效更血腥的手段。资产阶级令人担忧的"上升"很可能源于行吟诗人的诗。我认为从"艳情"必定看出纯洁的异教派①乃至圣母玛利亚虔信的一种移位，其实是封建领主们的一种自卫反应：他们把臣属附庸关系理想化了，并把这种关系抛向柏拉图式的天空。同样，贵族在两个战线同时作战那个年代，故作风雅的企图是消遣。德·朗布依埃侯爵夫人②的宾客们曾做过出色的尝试，但无益于把斗争转移到文化阵地。反倒成了1850年代资产阶级所需要的一种故作风雅：既然这种风雅自以为不可替代，那么必须拿出证据；如果说智力活动是大家共有的，精英就应该让看到一点实在的东西；哪怕非常微妙的东西：列举的事实如此大量、如此繁杂，以至实质上是在躲避科学理性，只供极少的特权者阅读。如果不是一下子就获得所需的智慧，哪怕研究一辈子也无济于事。

总而言之，既然大理性揭竿而起反对权力，并成为一部巨大的机动平路机，人们就会求助于非理性，

① 十二三世纪，法国南方的行吟诗人，其诗称为行吟诗体。彼时，法国及其他西欧国家出现骑士文学，也称"艳情文学"。此处指的正是骑士式的"艳情"。

② 德·朗布依埃侯爵夫人（1588—1655）从1620至1655年在其古堡蓝色客厅接待上流社会人士及文人墨客。

一如既往，回归感情用事。资产阶级在所有的领域，利用一切机会，保持把贵族精神当作一种不间断的骚动，把等级思想的存在称为一种"不断反革命"并没有什么错呀。"反革命"随时随地必定露头：一份报刊被关闭，因为在栏目中流露出反革命思想，或在法兰西学院某次演讲中出现一次影射，或在一位将军或一位部长的声明中一句暗示，正是这种思想产生资产阶级善恶二元论，名为"区别"。资产阶级的绝对优势，虽然未被正名，但始终被暗示着，好像是资产阶级平等宣言的反面。

诗人们再一次把自己变成故作风雅的反革命分子。他们信誓旦旦要把自己与资产阶级"区别"开来。然而，资产阶级决不肯把自己与人民"区别"开来，不是吗？诗人们反对资产阶级所做的一切，而资产阶级则一概将其转为对其有利的东西。诗人的前辈们正是这样自称未卜先知的，但彼时愚者动口，笔者动手，皆由上帝指使。他们的后继者不再有信仰，认知贵族不再存在，况且世人同样全是媒质空泛的象征。大写的诗自我发现了一项新使命："不顾实情"，重建一种徒有虚名的贵族身份。面对公之于众的科学实情，资产阶级不得不建立一种"不可告人的秩序"，利用完美作为有选择性的原则：表面上人人有份，实际上只有少数几个特权人物可享有。完美虽通过唯一的"外在"显现，却爆裂为多种不可复原的"区分"，把世人分离开来，在社会上引起水平断层。极少数业余爱好者凌驾于"人面兽身"（马拉美语）①之上与艺术家为伍，组成清苦而神秘的骑士团。这类修行小团体，半修道半战斗，近似学会、智库、善会，具有引为自豪的迷思，即宿命论，以及自己的入会仪式。被厄运选中的诗人，以其愤世嫉俗彰显于世，然后被同辈们认可，后者经过自行遴选吸收新成员，接受入会手续，并在内部机密刊物发表作品。

几十年期间，诗人只跟诗人来往。勒孔特·德·李勒府上，每次招待会隆重得活像做弥撒，保持着严格的等级礼仪：维克多·雨果是被俘之王，勒孔特·德·李勒是副王。与会者之间乐于以亲王、公爵或王室总管相称，弹冠相庆，以此来掩饰对自己平民出身的厌恶。这种厌恶甚至在《玛尔多罗之歌》也有反映：

① 引自马拉美《晦气》，参见《诗集》(《马拉美全集》) 第28页。

"人家对我说，我是男人与女人的儿子。我很惊讶……我以为不止如此吧！"① 与此同时，又以战战兢兢的肯定来维系某种象征性的雅利安主义。他们的贵族性完全是否定性的，建立在整个现实贵族的废墟上。他们以贵族的名义来装饰被消灭的贵族徒劳的离愁别恨，其不可替代的特殊性实质上只是对全称性的否定，难以为继却有意为之的否定，但以坚持反对彰明若揭引为自豪。1851 年的诗歌遭受失败以及 1793 年法兰西贵族阶级遭受灾难，两者交相映照，互为证明；前者和后者的失败皆为形而上悲剧的世俗形象：资产阶级在战胜贵族和诗人的同时迷失了方向，杀死了自己的上帝。已故的贵族比在世的任何时候更为高贵，因为他们拥有死者最高的威严，不为人所知的诗人一旦被流放，就等于被仪式般供起来，虽然没有读者了，却有王子般的傲慢。这是一码事儿，资产阶级因体现贵族的死亡而贵族化，尽管是其父辈们屠杀了贵族。把"剥夺"变为"财富"只需举手之劳。资产者从王亲国戚手中攫为己有的还有傲慢、清高、坚

---

① 引自《玛尔多罗之歌》的《首卷诗歌》。

忍和不在场。这种秘密社团有其神秘之处：奥秘在于由虚无到绝对的变体①，由"否"到"是"的变体，由难以为继到必然事功。为了把进取心推之极端，他们拒绝活下去。一种特殊的情况加速他们最后的决绝：他们"穷困"。

美文学在压缩生活方式的同时，改变了对人才的招募，这丝毫不使我们感到惊讶：一项对法国圣西尔军事学院学员履历的调查，显示他们的出身阶层随着战争是否荣耀而发生重大变化。只要大写的诗值钱②，文学之家的子弟们不屑，为其奉献天才，但一旦衰落，一旦被钳制，他们时不时勉强受邀一顿晚餐罢了。大写的诗便失去了风采，有鉴于此，小资产者反倒突然觉得可接受了，因为原先怯于企及，认为只是取悦于富人。随着高贵者仙逝，卑贱者胆子越来越大。如果说继续认为天才有见于成功，那些不祥之人甚至不会写下一行字。他们觉得成绩与功绩不搭界时，才敢于梦想取得功绩，使自己升华于成绩之上。

① 基督教圣餐中面包和葡萄酒变为耶稣的身体和血，称变体。
② 暗喻维克多·雨果 1848 年拥有一亿八千多万法郎。寿终时其财产上升为二十多亿。

事实上一个多世纪以来，他们一直生活得很不自在，直至此时上帝掩盖了他们卑贱生存的彻底荒诞性；徒劳的生活终于得到了回报，对上天作出自己的交代，热忱完成自己的任务，总算可以认为对维持天地秩序做出了贡献。

然而，诗人们随着抛弃基督教信仰，睁开眼睛看清了自身的厄运，早在1835年缪塞就写道："从前压迫者声称：'地属于我的'——被压迫者回答：'天属于我的。'现在被压迫者怎么回答？"① 怎么回答？看情况呗：假如属于无产阶级，他将要求显耀的地位，甚至随时准备通过暴力获取。但被愚弄的、收入差的小资产者逆来顺受，是不由自主的，什么要求也不会提出，不属于反抗者嘛，更不会是革命者，压根儿不想把社会翻个儿，就像从前波兰的以色列裔富翁，就像现如今前刚果的黑人，不断要求融入所谓高等阶层。小资产阶级作为阶级，心怀怨愤，自尊心备受屈辱，既妒羡眼热又忍辱受屈，却自以为在任何情势下为大历史的断裂付出代价：时值1850年还这么

① 参见缪塞名著《一个世纪儿的忏悔》(1836)。

想，真是大错特错了，因为这个年代的代价应由工业和农业的无产阶级付出，所以此时的历史事件把小资产阶级四马分尸了：自雾月政变，大中资产阶级得到提升；最后几年的经济危机被遗忘了或被算在革命骚乱的账上。某些小资产阶级分享普遍繁荣，但大工业或大商业使许多其他人，比如小商贩，普通商人破产了，尚可维持现状的人们也明白坚持不了多久，是敌不过机器的。小商贩、职员徒然挺直腰板抗拒，却不知不觉向无产阶级靠近而滑坡，心知肚明自己的命运。他们虽然有时把社会上层人物当作憎恨的对象，却依然跟他们彼此不相上下的劳动大众格格不入。尼采有句名言对他们很合适："在一切苦行主义伦理中，世人把自己的思想诉诸自己被神化的一部分，由此必须妖魔化另一部分。"①

小资产者妖魔化大历史，因为后者是使前者破产的大患；进而妖魔化大写的天性和大写的生命，因为天性和生命是属于下等人的；故而想方设法吸取来源于领导阶级的光辉。同时，小资产者愚蠢地拼命保存

① 引自尼采《人道，太人道》第一部分：《箴言》。

使自己受害的秩序，必将得不到别的资源，只能故作高傲，违拗妪气，假装不在乎，因为必须以自己的业绩区别于工人。小资产者以节衣缩食整治自己，并非出自本身功利主义的原则，而是刻意用苦行折磨自身不争气的肉体，同时执意累垮用躯体呼吸和消化的工人。小资产者被怨愤冲昏头脑，厚颜无耻地把下列现象称为上流：清醒而痛苦地意识到事事不如人，完全缺乏历史意识或阶级意识，与领导阶级的工商巨头不容置喙地串通一气，热忱不迭，自我惩罚节衣缩食以及失败的处世之道，所有这些特征即使不构成小资产阶级意识形态（他们从未有过什么意识形态），至少表明他们思想复杂。但这种复杂至此还从未使诗人获得过灵感。抑或诗人对小资产者根本不在乎，一向嘲笑这帮傻帽儿和小店铺主。突然，大写的诗，被带上锁链，被人瞧不起，竟成了小资产者的囊中之物，被天下抛弃了。不过诗人们只要把它重新捡起来就行了，反正这帮小子在自己等级卑微且清教徒似的家庭闷得慌，干脆承担亲手掐死自己的希望，承揽父辈的天职。这样，谁都不知道他们的焦虑和反抗了。但大写的诗突然唾手可得，反倒成为他们的出气筒了。儿子被父亲归根结底毫无用处的清教主义恼怒，决意摆脱自己的出身，用怨愤否定一切，蔑视富人的庸俗和下等人的粗鲁，表达自己属于一群高贵信使的梦想，尽管难以实现。不过，诗人以为反对自己的父亲、自己的叔伯，却依然紧随其后，与父辈们如出一辙，困苦和禁欲，别无目的，只求把受难者提升到潜在的神圣性更高的程度；官僚父亲和诗人儿子下决心掩盖家境贫寒，从而获得某种光彩的特征。诗人，每当蔑视自己不能得到的财富时，很像自己的家人，他们一概以为，并多次坚持主张服从、谦逊、清白、当日事当日毕，赋予穷人的灵魂一种令富人羡慕的品质；每当把自己束缚于绝对，装出视大写的理想为最重要的、视其自我为不重要的，他依然像自己的父母，后者永远把自己束缚于看不见的资本。诗人爱好清白，尊重世上的伟人很像其父辈，厌恶大写的天性和大写的生命也像他们的父辈。

总而言之，诗的失败变成一个密码，为诗人们的种种失败增添一层未知的深度，他们写作，因为大写的诗不再获利，因为以"默然的轻蔑"向他们反射他们自己轻蔑且缄默的顺从，因为失业的抒情诗人牢骚满腹的尊严和低级职员耿耿于怀的自尊可能混淆不清，还因为他们不可告人的怨恨可能在诗人正义的怨愤中得以升华。诗的大理念被代言人占为己有，拉拢后者"缄口不语"①，诗人们以教权的"现实的"反抗对付俗权，同时使卑贱者以"现实的"反抗对待高贵者。教师、邮局职工、市府秘书、办公室主事以及图书助理管理员迫不得已厉行节约，勇于自愿精打细算过日子，勇于自愿预先拒绝自己不可能得到的全部社会福利。马拉美写道："Ardèche（阿尔代什）。这个名称令我反感，却包含令我为之献出一生的两个词：Art（艺术）。Dèche（贫困）。"② 因为，贫困变成一种天赐的考验，抑或筛选的烙印："真正的、彻底的贫困通过一切不属于我天命的东西向我劈头盖脑倾泻，使我把外部的卑鄙勾当清除干净。"③ 他们可能不难想象赤贫是自己的禁欲主义造成的。简言之，大写的诗，作为伟大的浪漫派作家崇高的赠予，在卑微的劳动者眼里却变成视贫困为奢侈的艺术。他们说：

① 引自马拉美《论文学的演变》，参见《马拉美全集》第870页。
② 引自马拉美致昂里·卡扎利的信（1871年3月30日），同上。
③ 引自马拉美《论文学的演变》，参见《马拉美全集》第870页。

"生活吗？让我们的用人们为我们代劳吧。"① 然而，他们没有用人，除非有时雇个女佣，但将其当作公主对待，"临终时"② 娶为妻子。他们甚至觉得疾病是一种特权："活在世上干什么？有什么借口待在世上，假如我们不受打击、不被追逼、不被偷盗、不被诋毁以及不被放血。必须生病：这是我们自上古以来最美的贵族头衔。"③ 他们声称自己只是半死不活罢了，其中一个说："我的心浸沉在自己的悔恨中，用防腐香料保护自个儿。"④ 另一个说："我是一个悲伤的漂泊者，一个忙于世事的消极个性，一旦在春天离开家乡，内心感受到的则是在秋天。"抑或"我们的希望品质不再允许我们世俗"。⑤ 一个年轻的高中生写道：

① 引自马拉美致昂里·卡扎利的信(1871 年 3 月 3 日)。
② 引自马拉美《论维利埃·德·利尔-亚当》。
③ 引自维利埃·德·利尔-亚当致马拉美的信(1867 年 9 月 27 日)，参见《马拉美一生》。
④ 引自约塞凡·苏拉里《古陶瓷》(1862)，阿尔来斯·勒梅尔出版社，巴黎。
⑤ 马拉美引用维利埃·德·利尔-亚当的话，参见《马拉美全集》第 505 页。

我不相信上帝，我发誓放弃，

我背弃一切思想，至于古老的嘲弄，

爱情，我情愿别再跟我提起。

似迷途的帆船任凭潮涨潮落戏弄；

我的灵魂启航迎接险恶失事的预期。①

　　微微波浪般的灵魂总那么像昏厥时眼花缭乱，他
们觉得无活力的修行胜于有活力的修行。波德莱尔早
就后悔没能把梦想与行动联系起来，他的追随者们更
为激进，干脆乐此不疲于梦想脱离行动。马拉美指
出："一位现代诗人愚不可及，竟为行动并非梦想的
姐妹而遗憾……上帝呀，连他都如此，何处是我们的
藏身之地?"② 所谓无活力，其实既是一种谴责也是
一种无辜的抗议：我们什么也没干，甚至对出生于世
都不负责任，而由社会承担全部责任。③ 这正是我在
别处称之为怨愤寂静主义。这批诗人虽不偏爱宣示有

① 引自魏尔兰《焦虑》，少年诗作，收入《农神体诗》。
② 引自马拉美致昂里·卡扎利的信（1863 年 6 月 3 日），参见
　《马拉美一生》。
③ 引自法国诗人特里斯当·科比耶尔（1845—1875）《人家毁了
　我的一生》和《黄昏的爱情》（1873）。

效自杀，但他们一概宁死不活，其中大部分人为了避免自愿死亡的最后痛苦，决心成为行尸走肉。科比耶尔为自己好几次写下墓志铭，不妨列举一二：

他因兴奋激昂而自杀，或因慵懒散漫而死亡，

如果他还活着，那是由于遗忘……①

他死时，期望活着，

他活着，期望死亡。②

大师斥责我们：

人哪！要善于死亡之前死亡，

在墓穴深处寻找生命的秘密，

实实在在的秘密。③

看到所有这些活死人乐不可支地争夺死亡的荣耀，真是妙不可言，勒费比尔写道："咱们俩谁更像

①② 引自法国诗人特里斯当·科比耶尔（1845—1875）《人家毁了我的一生》和《黄昏的爱情》（1873）。

③ 引自勒孔特·德·李勒《生命之奥秘》，参见其《悲剧诗集》。

死人呢？当我莫属。"① 他们采纳所有失败和指责的负面思维定式，偏爱现时胜于过去，偏爱人为胜于自然，偏爱欲望胜于满足，偏爱性欲胜于冷漠。他们不厌其烦地想象自己已经白活了一辈子，甚至糟践了自己的作品。

> 长眠于此：没有心的心，栽坏了的心，
>
> 过度成功犹如一事无成。②

有时他们对创作出来的东西厌恶至极，甚至宣称他们最好的诗是没有写出来的诗："我感到已经湮没的少时旧诗重新在我心中泛起，非常美的诗，因为从未笔录下来。"③ 尽管现如今我们乐于认同他们的说法。诚然，他们并非不知道贵族阶级实际上与消费社会紧密相连，贵族属于精英消费者，必须以所有人的名义完成人世间财产的常规耗费，与此同时，人类聚集在一起，怡然自得地瞧着自己挥洒汗水生产出来的商品。然而，由于贵族的狂吃滥饮大大超过他们的消

---

① 引自勒费比尔致马拉美的信（1868 年 7 月 15 日）。

② 引自特里斯当·科比耶尔《黄昏的爱情》（1873）。

③ 引自勒费比尔致马拉美的信（1865 年 3 月 2 日）。

费能力，他们就以系统否定现实来替代吃喝玩乐的挥霍。在军事和农业社会中，"清教徒们"耗费有限，他们身上的完整集体性恢复其形象、荣耀以及自我耗费的慷慨大度。他们什么都不要，甚至生活必需品，但他们半死不活的漫长生计，甚至很难设想置身于消费社会的奢侈和迷思之外。1850 年的诗人们不可能成为军人，于是变成"清教徒"。在一个工商业的社会中，他们却把自己漫长的礼葬梦想体现于业已消失的社群已故成员身上。另外，以言辞对一切大写的实在发起激进的攻击有助于他们发泄怨愤。他们给这种全面否定起了个名字，叫"大写的梦想"。其实，我们也不必想象他们的梦幻有什么内容，当然也有些特殊案例，但就整体而言可称：大梦想、大寂静和大赌气，我们只能把他们的精神状态与轻微的精神分裂症相比较，姑且不称其为胡说八道也罢。

　　噢，梵天！一切世事皆为梦中之梦。①

抑或：

① 引自勒孔特·德·李勒《梵天显圣》，收入《古诗集》。译者注：梵天是吠陀时代晚期印度教大神之一。

世人世事的终极虚无，

是其现实的唯一缘由。①

又及：

虚无的儿子，虚无呀，你有啥抱怨呢?②

以下是表达怨愤的一则珍贵供认，反对大写的一切滑向渴望认知：

作为没有上帝、没有书籍、没有使徒的世纪儿，

我先找了上帝，然后找别的一些人。

年迈时才开始觉得当个学者

不比做个寻常百姓更有必要。

我曾把自己的脑袋搞成一个大实验室……

把天性压碎后铸成奇怪的曲颈瓶。

俯瞰天下的意志从曲颈瓶下

为我变形成扭曲的精神烧热加温。③

① 引自勒孔特·德·李勒《生命之奥秘》，收入《悲剧诗集》（1875—1893）。

② 引自昂里·卡扎利《虚无的骄傲》，收入《幻灭集》。

③ 引自勒费比尔《蒙多尔》第 95 页。

实际上是科学，或更确切说，是唯科学主义（科学万能论）为他提供了两个对立的目的：当代唯物主义是其无神论和绝望的主要起因。勒费比尔于1867年写道：大写的科学"即将以不可逾越的鸿沟穿越地球上的人类历史，不管在拥有希望（基督教的三德之一）之前和之后。这种崇高的大希望使世人仰起额头朝向天空，却又使世人低下额头，必将使之重新扒下，四脚朝天"①。物理学和生理学必将把大写的理想简化为诱饵。但恰恰因这种发现而产生的怨愤使诗人们低下头，言过其实地诉说这种瓦解。其实绝对没有必要一经失去信仰，就落个屁滚尿流坠入十八世纪的解析唯物主义。新康德主义、不可知论、新黑格尔主义、相对主义、实用主义、辩证唯物主义：所有这些哲学从"上帝死亡"中已经或即将诞生。然而，这些梦想者之所以扑向最坏的情况，是因为焦虑，因为忧闷，因为谋虑。他们隐约觉得自己被卷入一场社会大悲剧，长达整整一代，要等到他们死后才会结

①　引自勒费比尔致马拉美的信（1865年3月2日），收入《蒙多尔》。

束。他们中的一人写道：时代是"一条隧道"①。就在彼时，托克维尔表达了普遍的感受，写道："我们不仅没有看到在我们出生之前开始的大革命终结，即使如今诞生的孩子恐怕也将看到……人们觉得旧世界结束了，但新世界将是怎样的呢？"② 他们的怨恨禁止他们期盼曙光，因为他们偏爱大衰落的资产阶级迷思胜于大进步的资产阶级迷思。他们乐于自比末期的拜占庭人，后期罗马帝国的罗马人，这就等于供认他们把自己的命运与有产阶级的命运联系在一起了。他们为了满足自己的狂热，也许正如为了掩盖自己焦虑的真正缘由，便把社会悲剧转化为宇宙灾难。他们喜欢把自己想象成地球的亡灵，大太阳冷却特别使他们开心：

> 一个死亡的世界，大海无边无际的泡沫，
>
> 无效益的阴影和鬼魂般的幽光组成旋涡……③

---

① 引自马拉美《至于书籍》，参见《马拉美全集》第371页。
② 引自马拉美致斯托费尔的信（1850年4月28日），参见《十二月二日政变》。
③ 引自勒孔特·德·李勒《极地景色》，收入《蛮族诗集》。

星球之间互撞也不错嘛：

　　圆圆地球带着栖居于斯的一切，

　　贫瘠的团团被拉出无比大的轨道……

　　强有力地撞到某个静止的天体

　　将其老态且可怜的外表碰得坑坑洼洼。①

预先享受一番最后的人类恐怖：

　　我孤独地在地球上徘徊，

　　地球光秃秃，一望无垠，

　　圆圆的，被扒皮、削肉、抽筋……

　　乘鹤仙逝……②

　　抑或，厌倦了这些世界末日的灾难，着手搞形而
上毁灭：

　　时间、面积和数目

　　从漆黑的苍穹坠落

　　毁在静止而阴沉的大海。③

～～～～～～

① 引自勒孔特·德·李勒《灰飞烟灭的世纪》，收入《蛮族诗集》。

② 引自勒孔特·德·李勒《最后的告别》，收入《悲剧诗集》。

③ 引自勒孔特·德·李勒《田园小诗》，同上。

不管怎样，手法不变，搞出个普及的作品，凭借的武器必将用于末日大灾难。既然大科学向我们指明我们的希望是虚无的，那干脆让我对大科学启示添油加醋，指出一切皆虚无。面对宇宙灾难，通过可预见的突变而产生的大理想和大美，将似乎是唯一可接受的真理。人们也许对以大媒质为依托的大理想和以大理想为依托的大媒质之间互相质疑，强调得不够：我个人以为从中看出这是彼时最为明显的特征之一。说真的，以上两种虚无是不同性质的：一个是，"实有"缺失，作为理想的资质五彩缤纷般纯粹绽放；另一个，如果把我们任意瞎编的种种虹彩剥去，就只限于无法用语言形容的"实有"了。

由此，我们重新发现黑格尔的"实有"和"实无"的辩证法，却是被我们体验到的：纯"实有"与"实无"是区分不开的，因为一无所有了嘛；而虚无，既然我们对其深思熟虑，在某种程度上，必须存在点什么吧。假如所有易感觉的资质显示感官性质胜于客观性质，正如人们认为的那样，那么一切在场，哪怕最不透明的、最不发声的、最迟钝的，都包含一种秘密的不在场；实有处于纯粹的赤裸存在中，是对一切实有方式的否定；实有的方式，作为纯主观的确定性，最终作为实有方式本身成为一种"表象"，故而是对实有的一种否定。

诗人处于反射光斑中很自在，因为他以大真理或大实在名义摒弃大梦想：这是他华丽的绝望、隐秘的痛苦，既使之高贵，又使之苦恼，从而使之恢复原状，并以"应当实在"和"大价值"的名义将媒质一段落。诗人从一次"不在场"到另一次"不在场"，由着性子自娱自乐，玩耍着用一次"不在场"消除另一次"不在场"，抑或从此加以肯定，从绝望过渡到表达希望的疯狂大动作，尽管这种希望明明就是失望。在文学史这样特殊的时刻，大写的艺术家不再相信大写的艺术，因为不能把艺术奠定于神圣的保证上，但由于这类担保在整个宇宙都缺失，于是可信的唯有艺术了。

福楼拜率先以一种相反相成的、无限循环的质疑，从信仰过渡到怀疑，从怀疑过渡到信仰。他时不时要求大艺术"规避生活"，比如在致博斯盖小姐的信中写道："艺术别无他求，对有头脑的人来说，目的只在于规避艺术的重负和艰辛。"（1863年）听上去好像只是鸦片而已，只是宗教谎言的代用品："不想倒霉的唯一办法，是把你自己关进艺术，管它东南西北风。"① 抑或"神学基础一旦缺失，无自知之明的神学热情支撑点现今将放在何处？一些人寻求声色犬马，另一些人沉溺于古老的宗教，也有人沉湎于艺术"②。另外，他用更多得多、更著名得多的篇幅来肯定自己的艺术宗教，指明他欲望是"借助大美达到大真"："获悉并借助大美达到大真，使人得到极大的满足感。我觉得出自这种喜悦的'理想状态'是一种神圣性，也许比满足感更崇高，因为是超越功利的。"③

波德莱尔的作品也包含同样的犹豫。他能写一手论及大美的十四行诗，或如这样的诗句："一切创作出来的形式，哪怕是人为的，皆为不朽的。"④ 这并不妨碍他以一个教士看破红尘的智慧宣称："必须工作，即使不出于兴趣，至少出于绝望，因为验证世间一切的结果是：工作没有玩乐那么无聊。"⑤魏尔兰更

① 引自福楼拜致阿尔弗雷德·勒普瓦特凡的信(1845 年 5 月 13 日)。
② 引自福楼拜致路易丝·科莱特的信(1852 年 9 月 4 日)。
③ 引自福楼拜致勒卢瓦耶·德·尚特皮的信(1857 年 3 月 30 日)。
④⑤ 引自波德莱尔《赤裸裸呈上我的心》(1857 年 3 月)。

有过之而无不及，自少年就如此，这不，从后来的诗集可见一斑：

> 我嘲笑大写的艺术，嘲笑大写的人，
>
> 我嘲笑歌曲，嘲笑诗句，嘲笑希腊神庙……①

又如：

> 堂吉诃德呀，你的一生就是一首诗，
>
> 风车磨坊拉倒吧，哦，我的大王。②

为了走出死胡同，必须有人勇于闯进死胡同尽头。但眼下，踌躇不决很普遍，却不会引起任何人担心。迎合纵容自身矛盾的思想从马尔罗的一句名言得到最好的表达，尽管略微走样："艺术没有任何价值，但任何东西都不如艺术有价值。"马尔罗的这个说法是准确的，因为表达了一个悖论："一条命不值什么，但任何东西都不如一条生命珍贵。"③ 此话针对一个根本性问题，他的俏皮模仿非常正确表达了前

---

① 引自魏尔兰《焦虑》，收入《农神体诗》。
② 引自魏尔兰《致堂吉诃德》，收入《农神体诗》。
③ 出自马尔罗名著《征服者》中加里纳这个人物之口。

辈诗人的忧虑，即迎合纵容卑怯的思想。这正是前辈诗人勒孔特·德·李勒在其《生命之奥秘》所表达的意思：

确实，没有你，什么也许都不存在了，但你什么也不是。

这帮诗人，既被别人愚弄也愚弄别人，他们自以为摆脱自己的阶层后，便一味言过其实地描绘本阶层的特征：他们像咸鱼桶总带有咸鱼味儿。首先，诗人们炫耀自己是否定资产阶级的，也许有点过火，但这是受到资产阶级启发所为。正如大魔鬼让人相信他不存在，就会成为赢家，资产阶级这个滑坡的、过渡的阶级，因为其特权不可能有任何基础，所以一味否定自己来达到肯定自己的目的，深信为了统治世界，必须使自己的对象相信，作为阶级，是不存在的。贵族阶级深信上帝的佑护，高调确认自己的特权；资产阶级则规避特权，企图说服压迫者并不存在什么压迫者。阶级？算了吧：现代社会是由鳞次叠盖的阶层组成的、由不同的社会阶层组成的，互相渗透，你中有我，我中有你。有人能说出一套无产阶级的始末，有鼻有眼，倒很聪明，但那是讲死理的人，您能为生产下定义吗？为消费下定义吗？根本站不住脚嘛。当然喽，有些人的处境更令人羡慕，有些人的状况不怎么好，但互相渗透、吸引、相依为命等，交换频繁，维持社会整体与其职能相适应。这种调节行为确保每个组织成员享有社会重要性，大致与其职业相符。想在遥远的将来通过有系统的暴力来实现一个没有阶级的社会。想必是一些撒谎者或疯子吧，因为他们没看到，或扬言看到没有阶级的社会已经实现了。这正是"我们当今社会"呀。

资产阶级明知自己是个"过渡"：一个正在垮台的社会，人们称第三等级的精英是"其法定清算人"，承担执行清账的使命。但拒绝正视自己的现实，从镜子中或许看到死神，有死亡的预感，刻意不承认自身就是以无阶级社会的名义担负以消灭贵族阶级为重任的阶级。这个未来的无阶级社会是它的终点和末日，是其存在的理由和自我否定，不会名正言顺说出来，否则等于承认自己孕育着自我毁灭，进而承认只能在自我消亡时才自我现实。为了阻止这种不可避免的滑坡，人们硬说运作已经完成，清算业已结束，平等已告实现：最高的财务开支不是所有人都付得起的吧？凯尔西①一个打工仔的选票难道不如巴黎银行家的选票金贵吗？资产阶级将摆脱内在的不平等，而这种不平等必将最终分崩离析，并以抽象而超越时间的否定形式向外抛出：资产阶级"并不存在"，从未存在过。打从1791年，资产阶级令人生畏的分析能力把君主制体系批得体无完肤，根本不怕这种分析能力掉过头来对准自身，于是投票赞成勒沙普利埃法规②的同时，把个体变成唯一的社会现实，长达一个世纪之久。"鉴于各种类型的同业工会或同行团体的废除是构成法国宪法的根本基础之一，事实上不管以何种借口恢复上述同业同行团体都是被禁止的。同业同行的公民，企业家，开店铺的老板，产业工人和手工业者等，相聚在一起时，不能任命主席、秘书、工会负责人，也不能制定有关他们所谓共同利益的章程规范……隶属于同业同行的公民的磋商审核和协议公约一概被宣告为违反宪法、侵犯自由和人权

①　凯尔西，法国阿基坦盆地的一个地区名。
②　勒沙普利埃(1754—1794)，法国政治家，曾制定法律禁止同行业人士结社。

宣言……"① 就这样把阶级一笔勾销了，那么工会呢？集体公约呢？为什么？既然不存在共同利益了呗。自由合同将成为规则，这个合同必须"在个体之间签约"。老板的共同利益，是宣告他们没有共同利益。

　　大写的资产阶级假自杀，定可获得分化瓦解劳动阶级的效果。个体与国家之间没有中间团体。台面上的社会只剩下成百上千万孤独的个体。社会的原子、解析后剩下的残留、有利害关系的否定所产生的负面结果，这样的个体，从确切词义上讲是一种绝对，就是说一个"分离"的个体。过去多少世纪的信徒们把人的现实置于其实在的丰满性，即寄托于上帝：几何学式确认的胜地。资产者的实在性与之相反，寓于一切皆空之中：大革命创造了不存在的人文主义。资产阶级非但不把从上帝那里挖过来的个体融入自己的阶级，而且任其维持在孤独和无助之中，其实在性是按拥有的财产来衡量的。其间，资产阶级默默无闻，在阴暗中活动，时而被议

----

　　①　引自亚历克西·德·托克维尔《旧制度与大革命》。

会制君主政体掩盖，时而被专制政体掩盖，时而被必须交纳税金才有选举权的假民主掩盖。因此，在资产阶级时代，公务精神被种种神秘的力量搅得乱七八糟：耶稣会和共济会，犹太人密谋，犹太复国运动智者，金钱的围墙，军火商联盟，等等。公民用这些传说来表明自己内心深处的情感，拥有所有的权利，并施行这些权利，若发生什么微妙的争执恰逢其时，将争执的效应清除得一干二净；每次介绍其行为品行，从不承认原始意图。这是因为在资产阶级制度下，不管是议会政体、君主政体或专制政体，整个资产阶级都体现着神秘的权利。

从巴那斯派到象征派的诗人们一味把有产阶级执意把自己打扮的负面形象捧上天。诚然，他们对资产阶级侮辱漫骂不遗余力。但仔细一瞧，他们鞭笞的资产阶级并不存在，抑或存在的是店铺和行政机构的权力。当波德莱尔在其私人笔记中对商人怒不可遏时，当勒孔特·德·李勒预言世人死亡时：

……（你们）扒在某个角落的一大堆黄金上……

装满各个衣袋时愚蠢之极地死去。①

当马拉美由衷高兴自己家族中没有商人②，信手写道："有一件事令我自豪，非常自豪。那就是我的孩子们，若上帝恩赐于我，将在他们的血管里不会流淌商人的血。"抑或，他乐不可支地谈起某个戴睡帽的资产者跟自己性淡漠的老婆交尾。他们的蔑视只对准小商人，自己却好像没有意识到。这不，关于银行、高级商务和工业，只字未提。由此可见，他们对所处的世纪在经济上所发生翻天覆地的变化一无所知，一窍不通，一味固守对已经消逝的第三等级嘲笑挖苦。在他们笔下，资产阶级大理念成为无时间性了。相对而言，福楼拜对祖国的贡献更大一些，他以心灵素质来确定眼中钉肉中刺："我称资产者为思想下流之辈。"③说到点子上了：真是火上加油，平添思想混乱。按这种说法，一个工人，要是心灵卑微的

①　引自勒孔特·德·李勒《致现代派》，参见《蛮族诗集》。
②　引自马拉美致卡扎利的信（1862），参见《马拉美一生》。
③　引自莫泊桑《论居斯塔夫·福楼拜》（1884），参见《专栏集》卷三。

话，可擅自命名为"荣誉资产者"喽。布锡考特夫人①，非常慈善的布施者，幸亏有这个美德，当可逃脱其人生状况。彼时开始形成一种文学传统，其原则是：猛烈抨击，但不去击中要害。

时至今日，在巴黎舞台上，挖苦传统的资产阶级可赢得资产者观众阵阵掌声。至于诗人高贵的孤独算得了什么，无非是资产阶级分离主义的折射罢了，对吗？波德莱尔写道："许多朋友，许多手套……"②或"我自幼就有'孤独感'"③ 抑或，福楼拜抱怨："穿越无垠的'孤独'而不知往何处去……"④ 他们怎么啦，除非成了巧妙宣传的牺牲品不成？他们并不孤独，而是自我孤独，为了使他们的阶级把他们当作天下孤独的典范罢了。瞧波德莱尔大惊小怪也写道："正因为天大的误会，大家才协调一致。因为，万一不幸大家相互理解了，那永远也不会去协调一致

---

① 布锡考特夫人（1816—1887），其夫是法国大商人和大慈善家。第二帝国时期在巴黎开办最大的商场"便宜商场"。夫人是巴黎布锡考特医院创办人。
② 引自波德莱尔《引信》。
③ 引自波德莱尔《赤裸裸呈上我的心》。
④ 引自福楼拜致乔治桑的信（1875）。

了。……在爱情中，衷心的融洽其实是一场误会的结果。这种误会，就是愉悦……两个笨蛋深信他们情投意合……不可逾越的鸿沟造成互不沟通，临了鸿沟依旧没法逾越。"① 相比勒沙普利埃法规中的那个短语："所谓的公司利益"，波德莱尔的说法只不过更加尖刻、更加悲剧性罢了。自由竞争和自由交换，为生活而奋斗等这些资产阶级口号相当于霍布斯②的格言概括：Homo homini lupus（人对人是狼——拉丁语），也正是诗人们用心学或形而上学的词语所移植的，导致整体悲观哲学在十九世纪下半叶像花一样绽放，而没有其他基础：既没有性情忧郁之徒，也没有蹩脚诗人唉声叹气，说什么痛苦地体验到世人是难以识透的。

啊，深谋远虑的观察家们，你们怎么没有察觉你们在人心中只找到你们放置的东西呢？你们硬说发现人心互不沟通，这只不过是社会心理元素论的重要结果。如果说世人是不可分割的细胞，他们可以互相纠缠，却不可互相渗透；人们先前隔离的两个实体不会发生任何交合。全部心理学，苦涩的或"辛辣的"，

① 引自福楼拜致乔治桑的信（1875）。
② 霍布斯（1588—1673），英国政治哲学家。

是这个世纪充当经验成果留给我们的，人们蛮可以先验地制作出来，一旦业已决定把唯一的分析精神用于实在性。每个人自己心里都有数，各得其所，成为不可捉摸而沾沾自喜。至于他人的不可捉摸性，权充不了解他的借口吧。故而词语不牢靠，对各人的意义不一样，进而爱情只不过是内心的一阵暴风雨，因此被爱的对象与之无关了。"我爱的不是你，而是我梦中的情人。"在诗人眼里，女人是不可思议的伴侣，在才子雅士的言语中总会温和地表达出带有时代性的鄙视，这中间有历史、社会和经济的原因。俾斯麦以其三 K 戒律①比较粗暴地概括对妇女的鄙视。证据呢？揭示隐藏在最难以捉摸的失望中的东西，也许很容易，却颇为残忍。比如，勒费比尔一时狂怒之下写道：男人对女人并不太单纯，但太高大了。② 此话怎讲？或更确切问：他对自己说的话有何"感受"？他的信件中有一封告诉我们：他对结婚犹豫不决。有两

---

① 普鲁士政治家俾斯麦(1815—1898)，人称铁血宰相，所制定的所谓三 K 戒律中规定妇女的职能：Kinder（儿童），Küche（厨房），Kirche（教堂）。
② 勒费比尔致马拉美的信(1868 年 11 月 5 日)。

份亲事："一个姑娘高大但不漂亮"，另一个"很好看的姑娘，但……很像蒙娜丽莎"。后者表现出"一种肉体的激情，令人畏惧"，不过她聪明和活跃。不管怎么说，他想更乐意娶另一个："前者，冷漠和柔弱，缺乏文化教养，也许是我需要的女人。"

诗人们奇怪的幻想：他们称之为精神的贵族，其实是资产阶级德行的升华。对这种幻想，领导阶级负有责任，这不，千方百计阻止分析能力徒劳无益嘛，因为人们曾希望分析精神从表象上清除阶级并适可而止，但这种精神就像有腐蚀性的酸，侵害着社会原子本身，并将其分解为有形原子。于是资产阶级陷入致命的焦虑，发现无产阶级诉求物质主义，就像一百年前自己诉求逻辑分析理性。就这样，资产阶级最好的工具是反过来对抗自己。我讲过资产阶级怎样企图呼唤幻想的贵族来自卫，由于缺乏特有的本质，资产阶级不断地摇摆于吸引它的人民和拒绝他的贵族之间，动摇于宣布的平等和暗示的不平等之间，游移于无神论和为民的宗教之间。资产阶级厌恶大写的自然，因为正是后者使得世人成为相似的同类，但每个成员力求与众不同，力求从芸芸众生中脱颖而出；他们中的每个人都不公开露面，抑制自己的需要，把自己的价值建立在自己的业绩之上，通过自讨苦吃和崇尚巧计，证明世人中最优者是超自然的生灵。

资产者不知不觉地越来越演变成他自己的模样，每走一步都更加远离贵族。这不，贵族兼基督徒，对自己的出身和血统很自豪，认为天生十分优秀，于是慷慨大度地亮出自己的天性。诗人们用这种资产阶级纯洁派教义把自己营造成"纯洁派"①。他们的纯洁派教义披上假正经的维多利亚风格形象，真是风马牛不相及。资产者套近乎，反倒显得泾渭分明，因为他们刻意以拒绝、以蔑视生命和天性、以否定来证明他们的优越，又因为资产阶级不能把自己的特权建立在大写的实在上，硬说与民众的区别在于他们刻求自己省吃俭用以及制定自我禁忌，就是以大写的否定以示区别。这个世纪末的诗歌想必是一面镜子，去世的伯爵们来到跟前静观自己，却由不得它做主，折射的却是工商业大家族的形象。

---

① 系为中世纪法国及西欧一些国家的异端教派，与基督教对抗。

说实话，这个形象两边不讨好，两边不认同。怎么可能不是如此呢？既然资产阶级知道不可能正视自己，否则就活不成了，所以原则上掉头不瞧自己的映像，因为私下既不希望听说它是资产阶级，这就等于承认平等是个谎言，又不希望听说它不是资产阶级，这就等于鼓动人民大众将其清除。很久以来，社会生活只不过是一种共同逃避，所有的话题都被禁止了。交际场面上只挑等于什么也没说的话来说。然而，新贵们和诗人们识别不出沙龙里的轻轻絮叨，正是诗歌选择等于什么也没说的避谈正事。在拿破仑三世的虚伪专制下，报刊自行担当审查官。资产阶级缄默不语，害怕自我暴露，工人们则被封口，而诗人们充当沉默的回声。诗人们之所以坚持蔑视他们以最特殊的感情描述的阶级，是因为他们的蔑视，其本身就是对自己无意识厌恶的表达。

此外，诗人们之所以试图假想并彻底毁灭宇宙，是因为诗歌为他们发泄怨愤而又不会牵累他们。看来念叨冷却太阳比触碰社会秩序更加方便并不太危险。福楼拜教他们一手绝活儿：用谴责专制政权的论据来为专制政权辩护。众所周知，这位被多项事务强留在克鲁瓦塞的作家，曾经相信工人能抵制拿破仑，却为大失所望而乐不可支："我认为，1789年推翻了王朝和贵族，1848年推翻了资产阶级，而1851年践踏了人民。"[1] 剩下的只是迈出最后一步："我感谢拿破仑三世。托他的福！我得以重新蔑视大众。"[2] 论证完美：诗人们把政体使他们产生的蔑视覆盖大写的全人类，但既然大写的人类是可鄙的，难道就不具备应得的体制？幸亏这帮诗人，专制政体成为自身的证明。于是福楼拜将心安理得地去拜会拿破仑三世，接受勋章，向玛蒂尔德王妃大献殷勤。他曾在给她的信中写道："杜伊勒利宫[3]的舞会如同仙境，如同美梦留在我的记忆中。可惜错过近距离仰慕您，没能跟您说上话。"[4] 资产阶级其实从来不大担心，很清楚所有这些沉默的罢工者在危急关头会聚集在它的周围。1871年福楼拜的确惋惜当局没有把"全体巴黎公社会员

---

① 引自福楼拜致路易丝·科莱特的信(1853年9月22日)。
② 同上(1854年3月2日)。
③ 巴黎卢浮宫附近的杜伊勒利宫于1871年巴黎公社时被焚毁，后改建为花园，即如今的杜伊勒利花园。
④ 引自福楼拜致玛蒂尔德王妃的信(1867年6月)。

判罚苦役"①，严惩"下三烂"工人②，他觉得这个称谓很合适。无动于衷的勒孔特·德·李勒，怒火中烧，怕得要命，大骂"《煎饼磨坊》(1876)③还没有被枪毙，可悲可叹。很可能库尔贝这个散发恶臭的蹩脚画家以及那帮下三烂画家和蚀刻师不会饮弹身亡，那将更令人痛心"④。幸运的资产阶级：在大格局中显露其本色，让人认可。

然而，我们看得更为清楚的是，领导精英倒是由中产阶级下层通过诗人们的诗歌表达他们的心声。小资产阶级自然是保守的，以抽象的拒绝来摆摆架子罢了。倘若不乐意以勤奋而朴素的作品来为其界定，那必将从它与一切对立的通盘拒绝，乃至从固有欲望中找到自身的本质。作为小资产者，这些诗人不肯同意把他们的人格置于其人的性格特征之中，只肯同意看到自己身上对空洞大自我的抽象肯定。这种注重形式的、普遍性的个人主义置于劳动的对立面，而1890

① 引自福楼拜致乔治桑的信(1871年10月18日)。
② 引自福楼拜致乔治桑的信(1871年9月6日)。
③ 引自马拉美致德·埃雷迪亚的信(1871年6月22日)。
④ 《煎饼磨坊》是雷诺阿于1876年完成的作品。

年代凭自我感觉实行的这种个人主义，后来被人称为"自我崇拜"：由于缺乏自爱，所以只得全盘否定自己而认命。从而他们一直觉得有负罪感，直到1890年纯粹负面性的行为终于成为唯一自己对自己的亲密关系。后来马塞尔·施沃布写道："艺术与一般理念相对立，只描绘个体，只钟情于唯一的个体。"① 以致了断前辈们的虔信主义②，进而使文学进入新的弯道：渐而渐之，他们的柏拉图主义将被神秘主义所代替，而后者是由纯粹的、不可言喻的、无法替代的个体和"富有旋律性的"持续时间组合形成。

彼时，1860年的诗人们还处于负罪感时期，他们先验的大我只不过是否定行为，即把行为的全部内容掏空，他们那种全凭个人经验的性格，由于自己不在意培育，并未得到开拓。这种人格双重性显得有益于精神秩序："当碧空之王"③ 筋疲力尽地"随其纯

① 引自马塞尔·施沃布(1867—1905)，法国作家、学者、名著《意象的生命》(1896)序言。
② 原指十七世纪德国路德教的一支，此处隐喻自我崇拜。
③ 引自波德莱尔的诗《信天翁》(信天翁飞翔时矫健如碧空之王)，收入《恶之花》。

洁的目光"① 遨游时，王者的第二自我，公务员，忙于自己的事务，却毫发无损，自在得很，没准更像另外一些公务员，人们不大关注两者有什么细节上的区别。另一类公务员，属于不负责任的，在大多数情况下，这帮人干的是礼节性行当，根据舆论看风使舵，特别担心将其美德的镇静形象折射到因循守旧的人，有时将其风雅推至接受思想正统的反犹主义。福楼拜和波德莱尔是反犹主义者；维利耶②也是反犹主义者；唉，马拉美更是反犹主义者。于是这些清闲的公务员受到整个社会的纠缠，成为这个社会的临时化身。正当诗人高歌对人类的蔑视之际，卑微的行政人员耐心地期望几枚荣誉勋章：福楼拜将被授勋，波德莱尔获得法兰西学院院士提名，勒孔特·德·李勒、埃雷迪亚当上法兰西学院院士。简直叫人搞不懂，有时不禁会想诗人的虚无主义莫非充当公务员保守主义的托辞了吧。

话不可这么说，这些新教徒（耶稣教徒）是真诚

① 马拉美语，引自《圣约翰颂》，收入《马拉美全集》第49页。
② 维利耶(1838—1889)，法国诗人、剧作家，短篇小说家。

的。只不过，在他们身上，否定性是针对自己的，硬是不肯在他们的社会活动中自认身影，因为资产阶级早已隐姓埋名，使其一切含义脱皮了，诗人们却未发现这样的运作依然是他们唯一的"实在"，抑或发现了，依然宣称在他们眼里这种"实在"不算数。这样的时期，他们的"人性"，虽是超验性的，却是空洞无效的，坠落在他们的生命之外。他们不知不觉间成了反动派，歌颂一种白色恐怖。他们风雅地分配保守派对人类的怀恨。与此同时，实验文学，通过其他途径，奔向同样的目标：诗人们把世人放入囊中，自然主义小说家用昆虫学家的眼光审视世人。不管哪种情况，两者都是一种拒绝：不参与人事，对在自由空间里建立蚂蚁的特殊种族，既不接纳其价值也不寄予希望。

奇怪的境况：这些诗人英烈们向他们明知空空如也的上天显露其创伤，说到底，除了他们自己并无其他见证人。彼时一位女主人公说："是呀，我为我，是呀，为我绽放开花，冷冷清清开花!"① 诗人们倒

~~~~~~~~~~

① 引自马拉美《埃罗提亚德》(1871)，参见《马拉美全集》第 47 页。

是真诚的。当他们面对大写的他人的干预，只有一种情况才是他们所希望的，即他人的目光停留在他们的诗句上，就像洒落在薄冰上，使他们客观地在自己的作品中看到自己。他们之中最纯种的、最伟大的人物后来承认光荣的主要形式之一，就是对他而言，看到自己从心爱的书本深处向自己走来。马拉美致于斯曼的信中写道："我只相信两种荣誉感，几乎同样是虚幻的：一种是一国人民狂热带来的荣誉，可以通过艺术手法塑造新偶像，另一种是作为一本特别爱书的读者，看到自己出现在书页深处，自己并不知道，而是作者心愿使然。"①

　　总之，读者，一旦被容忍，就失去取法乎上仅得其中之尊严，落得个平庸之辈。这也许是大写的诗最彻底的一个变化，面对大写的公众所承担的新角色：艺术家不像从前那样了，现在既不跟王者玩斗心眼儿，也不跟民众捉迷藏了，把牌摊在桌面上，采用索福克勒斯或莎士比亚或荷马或坦丁大手笔，从不搞弄虚作假。因此，人们称这些人为本土人，其实大错特

<hr>

①　引自马拉美致 J.-K. 于斯曼的信（1884 年 5 月 18 日）。

错。跟乐于到诗歌世界冒险的资产阶级读者玩耍，什么花招都允许的。不像在人民至上的时代那样，向资产阶级读者推荐诚实而坦露的作品，那是向所有自由主体提出的"纯粹要求"，不，要给读者大众"产生效应"。恰似自命不凡的年轻人，自认为是谈情说爱的高手，用指头像拨弄竖琴似抚弄女伴，企图让琴弦发出共鸣。竖琴演奏者想要的不是女人，之所以渴望使女人呻吟，是因为要向自己证明他得到了自我满足。身为公务员的诗人只在想到自己的形象客观化时才想起读者大众。截至此时，圣言①是诗人与读者之间的中介，时至今日，报刊诗歌栏目恰似隐蔽的花园中孤零零的沉默立柱。如果读者攀墙偷看，如果看到水柱、鲜花和裸女，他必然首先感到这一切不属于他，不是为他而聚集在一起的。某人独自一人搞了一场派对②，被冒失鬼无意中撞见，败坏了几多乐趣：一声不吭地赞许也罢，踮着脚尖走开也罢，反正感受到了那根杆儿从上到下诗一般的疯狂触摸发痒。

简言之，到头来是读者成了诗人和圣言之间的中

①　雨果云："词语就是话语，而圣言即为上帝。"
②　暗喻"自淫"，即"手淫"。

介，某种连接艺术家和读者大众的关系断裂了，即
"互惠互利"的关系断裂了。诗的祭品以"独自一人
的派对"显示诗人表演牺牲，时不时这种奉献意外
夺取躲在灌木丛后或墙上方的闪亮眼球，却硬是假装
没有发现，踌躇满志，心知肚明诗人们的奉献并非徒
然。眼睛若含激动的泪花，再好不过，为此他们只会
更好玩味自己优越于大众。这不，魏尔兰，尽管彻底
改变观念，竟以巴那斯派和新生代诗人的名义宣告必
须"书写非常平淡的动情诗"①。一言以蔽之，诗人
默默的大奉献容不得有证人参与，要不然是意外的。
诗人是他自身的见证人。但大写的他人不在场，使诗
人们，步骤走样了。他们成为自己固有剧本的演员：
对着无动于衷的观众演出，因为观众对剧本烂熟于
心，不至于被糊弄。因此，在另一些时候，他们非常
巧妙地"采取断然行动"，正如加缪所言，否认一切
明显的事实，否认他们公开的意图，反对无神论，不
声不响地自我边缘化，最终假设一个抽象的见证人。
他们夸大自己的失败，甚至把失败推至绝望，认为绝

① 引自魏尔兰《农神体诗》收场诗Ⅲ。

对的意识可以把这种失败解读为胜利。然而，万物太明显的荒诞，"大地的呜咽"①，诗人们本身的奉献，尤其恶劣而不可动摇的无神论，这一切不可能一点意义都没有吧。对无保留介入大历史的人而言，失败是残忍的：这意味着大恶的力量获胜了。人们徒然向他告知，后世，在两个世纪之后，必将赞赏他的美德。他才不在乎哪，心里却非常明白子孙们将不再与此有关联，对其勇气或忘我将会给予近乎审美的评价，恰恰因为他们对其事业完全无动于衷。故而对诗人们而言，事业成为手段，美德则是目的。但对失败者而言，事业恰恰是目的，比如，圣瑞斯特②从他等死的断头台看到其事业的废墟时，您以为给他颁发优秀品行证书就能安慰他吗？然而，假如相信上帝，失败就可以不太难转为胜利，因为上帝既是事不关己，甚至万事不关己，又是我们内心深处的实在。

上帝，又称永远存在、最高存在、完美存在，受孕于大历史之外并对立于大历史，不屑于世俗目的，仅将其视为手段：托辞即可使世人服从神权。我们上

① 引自勒孔特·德·李勒《梵天显圣》，参见《古诗集》。
② 圣瑞斯特（1767—1794），法国大革命时期国民公会议员。

面谈及的诗人们把两者关系倒转过来：他们由于不相信上帝，所以不会从他们的信仰中推断他们的生命必须到别处寻找自身的解释和凭证。他们莫名其妙地暗示上帝，以自己全部行为难以名状的风度暗示上帝：好像无神论者的绝望和死亡构成一个证据，证明宗教荒诞。这不禁又使人想起缪塞在其梦笔生花的《一个世纪儿的忏悔》中向我们极好地说明移花接木的手法："一个无神论者掏出怀表，看着表抨击上帝一刻钟之久，肯定这是愤怒的一刻钟，也是难堪的自娱自乐一刻钟。真是绝望的极点，向所有天神的无名呼唤：一个被踩在脚下扭动挣扎的可怜虫，也是一种撕心裂肺的呼叫。谁知道呢？在对一切洞若观火的上天眼里，这也许是一种祈祷吧。"

缪塞这段好大喜功的文学清楚表明他诉诸好斗无神论的史诗时代。在西班牙，佛朗哥[①]之前，还偶尔发生某个无政府主义者在某个公开集会上发出这样的挑战，因为西班牙上帝的日子很难过：信仰与工业增速发展成反比。然而，对 1860 年的诗人们而言，因

---

① 佛朗哥(1892—1975)，西班牙将军，国家元首，实行独裁制度。

为他们比较老成持重，无神论不是成其为一种征服，而是一种承袭的却无生气的坚信。这些专心致志不信宗教者会坚信不轻信、坚信荒诞结果，决不动摇：世人皆为尘土，那就与原则毫不搭界了。他们在毁人的过程中所表现出的热忱本身，巧妙证明，世人若无自己的造物是存在不下去的。他们嘴上不说，甚至不去这么想，但他们到处表现不满，对世人的失败神奇地意味着某处世人的胜利，对此坚信不疑。这一切好像是与一种无限而无名的大在场（上帝）相关联的。无神论者和绝望者，他们行事做派好像在这种最后的考验中被要求保持绝望。那个时代的知识分子到处舍弃幸福。

波德莱尔致雅南①的信中写道："一个人难道必须堕落才会自认为幸福？"后来他的一个弟子（马拉美），在找到自己的道路之前，曾在给一个朋友的信中写道："天底下的幸福是卑鄙无耻的，必须要有布满老茧的手才去捡拾。"② 难道这不是基督教式的证

〜〜〜〜〜〜〜〜〜〜

① 雅南（1804—1874），法国作家，戏剧评论家，1870 年当选法兰西学院院士。

② 马拉美致卡扎利的信（1863 年 6 月 3 日）。

实吗？时至今日，莫里亚克先生居然还以天主教学说的名义写道："边做工边传教的教士与无神论大众生活在一起，由此产生的希望是接地气的。然而，如果说他们能够适应这种痛苦，却不能适应这种希望。他们受到的嘱咐是至死铭记这句混账话：'我的王国不在这个世上'……不，大写的人类不必要希望这个世上的王国变成上帝出现嘛。"在诗歌反躬自省的时代，舍弃希望是大希望①剩余下来的全部。说到底，对上帝王国的肯定被颠倒了。众所周知失恋情人的绝望：他随心所欲地沉沦，对着闷声不吭的女友，低首下心地说："你不像我爱你那样爱我。你不再爱我。你从未爱过我，你一直不喜欢我。"其实他明明知道，尽管不愿意说出来，一只温柔的手即将抚摸他的前额，一个温暖的声音即将悄悄说："我爱你。"如果他应该相信自己说的话，那是不会说出来的。我们的诗人们正是如此：他们至死抱着上帝存在这个梦想，怀着忧伤这一神奇的德行去填补荒无天国的空白。俱往矣，一切好像第二帝国普及的戏剧，导演给

①　系指基督教的德之一（基督教三德：信、望、爱）。

演员们分配感化人的无神论角色：他们在自己的作品正如在自己的生活中尽心尽责地演出没有上帝的人生苦难。就这样，一条微妙的纽带，我们下面将有机会细谈，把那个时代的诗歌与戏剧连接在一起。自欺欺人，作为大希望心照不宣的证据而体验的绝望、喜剧般的虚情假意以及自反性，这些都是这帮青年人内心生活可能产生的特性。

幸亏其中大多数并不死撑到底，他们中途撒手不干了，继而随波逐流，无聊慵懒，自作多情，唉声叹气，自恋自怜。他们当中没有一个能高度概括某种境况和某个选择矛盾而复杂的方方面面。梦想变成梦幻，胡诌一些悖论聊以自娱，跟个人私下的怨恨犯倔脾气，追求荣誉，或为粉饰大历史的著名场景而自娱自乐。有时甚至放弃写诗，断绝信不总是心平气和的，比如卡扎利，即后来的让·拉奥（卡扎利笔名），一时心血来潮，以为可以去律师行业找个美差，干一番事业，随手写下："梦想和诗歌是两种美酒，久而久之使人厌烦了，不如少喝一点也不错嘛。"[1] 其他

① 引自卡扎利致马拉美的信，参见《马拉美一生》。

人，比如卡蒂尔·孟戴斯①，他们则一辈子干诗歌这一行。简言之，诗的综合征元素一旦散落，则成为实际生活经验，孤立分离，或依次相继的。正因为如此，实际生活经验成为"人民大众的"，所谓复现表象，即从独一无二的局面提取的经验，换言之，成为某些上层建筑，即只不过是社会事务的一些反映。因为诗的境况没有经历过实际生活，所以没有人认为要内化这些处境、行为和迷思：人人假借多于创造，谁都不去构思这些东西；人们加以接纳，因为有"他人"被假设在构思。诗的理念由于无个性的，凝结的，被抛弃后又散乱修补的，散落在许许多多优秀之士或平庸之辈的脑袋里，其事物的成分大大多于思想的元素：事物惰性和外化兼而有之。为了在诗的理念中找到对消极客观性的超越，世人必须将其内在化，镌刻其姓氏起首的字母，体验最大矛盾意义上讲的悖论，并为此坚持到死为止。是的，假如诗的理念在某人身上成为一种致命而自愿的疾病，假如一种广泛而

①　卡蒂尔·孟戴斯(1841—1909)，法国作家，巴那斯派主要代表人物之一。

清醒的意识把所有的细微差别一起融入一个相同行为的统一体中，那么诗的理念将可逃脱马克思主义的诠释和社会包装。但错误一旦被推至极端，就将翻转过来，同时揭示世人的实在性。

随着志愿者是否自告奋勇去体验，这些梦幻都将证实十九世纪中叶法兰西思想的窒息或人生状况的不堪。反正勒孔特·德·李勒和妮娜·德·维拉尔的沙龙常客确实屈指可数，都是一些平庸之辈，根本称不上灯塔，充其量是些灯罩，大多是蠢货。所有这些人既缺乏广阔的视野，做具体事情又不细致，只有两者兼而有之才可把充满怨恨的软弱思想铸成新的金属。由于产生不出英雄和真正的英烈，诗歌的花束即将被拆散，其主题将被撒在地上，自行枯萎。诗歌将成为人们所希望的那样：一种副现象①，或正如我们上面已经说过的，一种上层建筑，即诗歌不承认的简单又消极的变态结果；又好像诗歌很在意，按自身固有的情况，去证实一位新的大

～～～～～～～

① 心理学用语，有些哲学家认为意识是一种副现象。

先知刚写下的那句锋利而干脆的话："思想观点没有历史"（马克思语）①。

　　① 引自马克思《德意志意识形态》第一卷《论费尔巴赫》。

二 大写的当选者

帝国接近终结。每年学校放暑假，巴黎的诗人们总看到一位外省青年来落脚儿，他在图尔农高中教英语。"个儿不高，瘦弱，脸色严峻而哀怨，皱纹紊乱，是那种悦目的苦相……两只纤细的小手，纨绔子弟的派头。"① 他多次会见维利耶、孟戴斯、科佩、迪尔克斯，② 重逢埃萨尔的朋友勒孔特·德·李勒，后者接待了他的来访，邦维勒③向他表达友情。马拉美有时打开手记"仿革纸板封面……用铜环搭扣合

~~~~~~~~~~

① 参见蒙多尔所著《马拉美一生》中援引卡蒂尔·孟戴斯的话。
② 弗朗索瓦·科佩(1842—1908)，法国诗人，属巴那斯派。莱翁·迪尔克斯(1838—1912)，法国高蹈派(即巴那斯派)诗人。
③ 邦维勒(1823—1891)，法国诗人，属巴那斯派。

拢"，给朋友们朗读他的诗。同代巴那斯派后来发表过几首。他的得体，他的审慎，他的谦逊，他那几乎女性般的温柔打消了偏见：大家都十分喜欢。是的，大家很喜欢他，但不完全信任他。孟戴斯、迪尔克斯、梅拉，在赞赏他的一些诗句同时，觉得晦涩难懂。勒孔特·德·李勒评论他时写道："他比谁都更温和，却更失常，散文和诗歌绝对难以理解。"① 科佩后来在日记中写道："我将重新论说他，长篇大论评说他，这位杰出的疯子值得我费心。但此处记下昨晚读到最优美的疯话……"邦维勒和科克兰②向法兰西剧院推荐马拉美的剧本《农牧神》[即《牧神的午后》(1876)]，但他把剧本手稿交到他们手里，他们读后发呆了，一篇长长的独白，相当使人厌倦，完全缺乏戏剧采取的活动。稍晚些时候，马拉美在阿维翁的新宅接待孟戴斯和维利耶，给他们朗读一篇东西③：彻底晦涩难懂，以至于孟戴斯不得不竭力克制自己没有

----

① 引自勒孔特·德·李勒致德·埃雷迪亚的信（1871年6月22日）。

② 科克兰（1841—1909），法国著名演员。

③ 暗喻《伊巨图尔》（1905年上演），这次晚会朗诵是在1870年，参见蒙多尔著《马拉美一生》。

当面放声嘲笑他。好在后来到了不惑之年，自责那次少不更事的讥笑，同时自责没有"勇气粗鲁唐突一回，即粗暴挽回面子"，要不然怪怪地变成另一个孟戴斯，谁知道呢？总之，同代巴那斯派不完全承认马拉美是他们中的一员，他缺少点什么？缺乏巴黎风度①，或许吧：外省的学究气使如此敏锐的人显得高傲不羁，寸步不让，没有通融余地，再加上囊中羞涩，孤独无援，那就很难相劝了。学长们好声好气劝他回到通常的意识上来；他不让步，当然的，但总得……"请您多多为我们想想吧"，邦维尔致马拉美的信中写道，"把脚本策划得可接受和可演出，而并非更富有诗意和更难以上演"。②

简而言之，此公可谓凤毛麟角，是个缺乏真实才智的倔老头儿，正在丢失自己的天赋。话得说回来，这些诗人理应从马拉美身上识别出他们自己的纯形象，他们中的每个人都能以他为镜子照出自己的形

---

① 法国大中学教师经过教师资格会考合格，皆为国家公务员。首任必须离开巴黎，携带家属被派外省落户执教，由远及近，经过几年磨炼才可调回巴黎。
② 暗喻《埃罗提亚德》(1871)改编的脚本。

象，因为彼时他只不过是那个世纪使他变成的样子。他属于公务员诗人类别，也许除格拉蒂尼到处流浪之外，是他们中间最清贫的。马拉美在图尔农，尽管彬彬有礼，却一上任就遭人不喜欢。这让巴黎信天翁们明白此公与他们是一伙，因为与证实大步朝前走的第欧根尼[1]相反，这些诗人跌跌撞撞的，受碍于硕大的翅膀。

> 诗人酷似碧落王子大公，
>
> 出没暴风雨无视弓箭手。
>
> 流落陆地却遭众人嘘轰，
>
> 硕大翅膀反倒有碍行走。[2]

马拉美的上司们抱怨他的教学，齐心谋求把他调走；学生们"双手叉腰，签名轰他走"。简直就像图尔农城，通过不正当手段获取委托权，向马拉美表明他被上天选中了，把象征倒霉的荆冠[3]戴到他头上。

---

① 第欧根尼（约公元前 410—约前 323），古希腊哲学家，犬儒学派。

② 引自波德莱尔名诗《信天翁》，收入诗集《恶之花》。

③ 暗喻耶稣戴的荆冠，意为痛苦、悲伤、厄运。

就这样，1865年有点衰弱的诗人们接受这种厄运，用来替代压在浪漫主义头面人物身上的大诅咒。

至于马拉美，他清贫而和蔼，与妻子和小女儿一起生活得尽可能不失体面，从事自己的职业并不太认真，得体地忍受着世纪中期病："我的生活太简单，不至于令我垂头丧气。我打发日子，像个老头，半死不活的，一具僵尸罢了。理想性这个毛病还不至于让我感到无聊，而我则是乞求无聊的，是梦想无聊的。"①

这些声明按理有利于为他辩护，否，反倒有点令人不安。同时代的巴那斯派先生们当然献身于蔑视一切，但他们并非没有给自己保留某些甜言蜜语，哪怕为了有助于活下去，路途漫漫，这不，刚踏上征途，悠着点儿劲儿。但这个年轻疯子却不肯量力而行，弄得出征几里路就精疲力竭了，他的外省土气妨碍他欣赏文雅的俏皮话，于是他的同行们用雅谑弄得开除出局颇具风趣。他却按字面的意义认真对待一切。他的谴责最不张扬，却坚信不疑，毫无保留，他的生活严

① 引自马拉美《伊巨图尔》，参见《马拉美全集》第440页。

格符合他做人原则。一个可疑分子。

这世道真的毫无意思吗？真的，毫无意思。他的职业，令他厌恶透顶："我们在小圈子里打转，就像集市马戏团的笨马在乐声中踩点，天晓得……每天我好不灰心丧气，简直郁闷死了。我的下场必定成为笨蛋，必定被淘汰。"①

他的妻子呢？至少，他是爱她的吧？不，这位年轻的德国女管家叫人喜欢，首先因为她"别致，忧郁"②。一言以蔽之，她符合波德莱尔诗中的要求，也符合同代布尔乔亚的要求，即符合双重标准。也许可以把波德莱尔对科斯梅利夫人的描绘运用到马拉美夫人身上："她似乎寻找无人的地方，郁郁坐下……有时手上心不在焉拿着一本书，并不阅读。"③也许有时见她"倾斜着头，透露出一股别致的忧伤，几乎是精心设计的，注视着花坛鲜花"④。未来的教师，

---

① 引自马拉美致卡扎利的信(1864年3月23日)，转引蒙多尔《马拉美一生》，加利马出版社。

② 引自马拉美致卡扎利的信(1862年4月4日)。

③ 引自波德莱尔《鼓吹手》，收入《波德莱尔全集》第530页，七星丛书。

④ 同上。

彼时待职上任，没有想得更远："她脸上的那点儿忧伤对我们足够了，我们不要求更多。"① 确实，并无更多要求。搞清楚她的忧伤是假装的或真实的，临时的或经常的，有什么用？重要的是她向诗人提供的外表与诗人自身忧郁的形象相符。从第一天起，诗人在她身上就看到了自己的映象。她从德国流落到法国，就像他从天上流落到地上。再说啦，"在这里，她忧伤，无聊；我也忧伤，无聊。把我们俩的忧伤组合在一起，我们没准儿能得到幸福"②。说真话，起初他没想娶她：勾引她时相当冷漠，也许为了让自己相信与瓦尔蒙或萨缪尔·克拉梅③不相上下，如果不想扮演哈姆雷特，而她也不是奥菲莉。在伦敦④的时候，尽管没完没了吵架，但还是有点爱她的，后来确认不再爱她，便娶她为妻，出于义务或内疚，或许也为了不失时机，在冲昏头脑之余，决意糟蹋自己一生。

① 马拉美语，转引自传记作家蒙多尔《马拉美一生》，加利马出版社。
② 引自马拉美致卡扎利的信（1862年4月4日）。
③ 瓦蒙是拉克洛著名小说《危险的私情》主人公：萨缪尔·克拉梅是波德莱尔《鼓吹手》主人公。
④ 马拉美留学伦敦攻读英语及英国文学硕士。

在那个当口儿，她已经怀孕，在他身旁，刺绣和缝补。理所当然，她以独自瘦弱之身概括体现所有这帮先生现实与理想的妻子，尤其是理想的妻子，以至在他们的诗中得到完美的描绘，特别体现在那个时代单身的魏尔兰笔下的诗句中，尽管后者从未见过马拉美夫人：

> 她温柔，沉思，一向惊而不骇，
> 有时吻您的额头就像吻小孩。①

> 她一定像姐姐那般平静而从容。②

> 至于她的声音，悠扬，镇静而庄重，
> 转调了，缄默了，还是那么的亲和。③

这些诗人描绘的画面就像前拉斐尔画派的集体创作，倘若作为丈夫的马拉美亲自添加几笔色彩。据说少妇具有"昔日的目光"，不过我们已经知道这是颓

① 引自魏尔兰《心愿》，收入《农神体诗》。
② 引自魏尔兰《疲倦》，同上。
③ 引自魏尔兰《我熟悉的梦》，同上。

败的光泽，"先前的"光泽，产生于两颗死亡的明眸，我们从中不难看到"沉默了的声音转调"，移植到视觉。我们猜想得不对吗？她不爱活动，讨厌新事物，喜欢"衰弱之物的别致"①。总之，她身上某种东西，即谨慎或缺乏生动性，让人不注意她的存在或把她混淆成记忆的错觉。这种对"实在"非常轻微的犹豫，就一位布尔乔亚妻子而言，是多么大的美德呀：从来不经过检查就肯定不了她是否真的在房间或是否到过房间。他的妻子玛丽娅·葛哈德，罕见的忘我，迎合寂静主义的企图，后者为了远离存在和生活，很想把过去与现在永久混为一谈，以便可以获得对自己的感觉就像从记忆深处重新冒出来的感知。不管怎么说，没有比他这门婚事更合适的，更门当户对的；他是代理教师，她是女管家。他是公务员和公务员的儿子，妻子的父亲是小学教师。

马拉美自然像魏尔兰、科比埃尔等许多其他诗人那样，接受自波德莱尔以来通用的术语。玛丽娅被称为她的姐妹：他的文学"甜姐"，他的诗篇"静姐"：

① 引自马拉美《冬天的寒战》，收入《散文诗》，参见《马拉美全集》第272页。

"我的一日期之姐，是我的爱姐。"① 高雅的爱乐于用乱伦的羽毛来打扮。如果绝对必须与女人睡觉，看在上帝的分上，干脆跟姐妹们睡得了。与大写的自然做爱将是令人作呕的乏味加点儿刺激的味道。尽管我们向自然让步了，归根结底我们践踏的依旧是自然，而且我们将通过这个唯一的命名去替代庸俗的肉欲混乱，称之为可悲的、变态的、别致的私情。然后词语慢慢对这样年轻妇女易走极端的脾气起作用，也许使她们温和下来，乱伦引起的恐惧也许阻止她们失足太多，久而久之他们也许学会满足于疯闹嬉戏，不至于出事。这帮年轻人有时吟唱做爱，但还不至于身体力行。魏尔兰向一个过分炽热的女友突然揭示他们的血缘关系：我的姐！话毕立即抓住女友的惊愕向她建议停止嬉戏，要不然代之以哭泣，怎么样？

把你的前额贴住我的前额，把你的手抓住我的手……

让我们一直哭到天亮，哦，激情横溢的小

① 引自科比埃尔(1845—1875)《汽船》，转引自蒙多尔《马拉美一生》。

妞儿。

波德莱尔饱受恶劣的性行为折磨，吹嘘不育妇女的冷漠尊严。他的追随者们，尽管比他冷静得多，却重蹈他对妇女厌恶的覆辙，重新捡起他的迷思。但他对妇女的厌恶正是那个时代资产阶级对妇女的鄙视。他们所针对的，并不是某种可憎的旋风式寻欢作乐，所谓施虐狂和受虐狂交叉混合，而是男女和睦相处。精液排泄使他们惴惴不安：过于频繁排泄难道不会引起灰色精液的浪费吗？后来，米拉博①传播了他们的焦虑，波托·里什②发表《女情人》才使之一了百了，反正那个时代响彻精疲力竭的男人们种种抱怨。女人们曾提出过这么多的要求吗？我很难想象。我们的祖母们和母亲们很清楚性冷漠的代价。那些过分讲究的、性欲变态的资产者，我宁愿想象他们的性器官多为小不点儿。事实上，英语教师马拉美不满意自己的诗篇，把自己的诗无能归咎于一种"青春阴茎异常勃起"，尽管人们很难找出其踪迹。对于这个唯物主

①　米拉博(1749—1791)，法国大革命著名演说家和政治家。
②　波托·里什(1849—1970)，法国作家。

义者而言，性行为被暗中抹煞了。他提防唤醒妻子冰凉的玉体。从前迪肯①说过，社会建立在乱伦之上着实令人难以容忍。夫妻关系受制于绝对需要，与其他亲缘关系区别不大。年轻的丈夫，受到"姐儿的冲击"，便暗暗地把妻子当作家中的天使，把肉欲关系蜕变为血缘相连。诚然，乱伦迟早会干涉夫妻生活。莱里斯②说得更巧妙，我凭记忆引他的话：人们起初跟自己心爱的女人睡觉，最后跟自己孩子们的母亲做爱。但直到上世纪末人们尚未察觉乱伦"冒头儿"哪。

再说啦，首先这种伙伴身份到底怎么回事儿？事关互逆性。十三世纪的僧侣对另一性公开表示怕中带恨。这种对妇女的厌恶是神甫单身的唯一结果：布道，防御反应，恼恨。新一代神职人员恢复老一代僧侣对妇女的厌恶，出于同样道理，对其深恶痛疾。他们怎么可能想象把两口子变成平等的一对呢？女人是天然的，故而可恶可憎。姐儿这个称呼只授予妻子

①　埃米尔·迪肯（1858—1917），法国社会学家。
②　莱里斯（1901—1990），法国作家，人种志学者。为萨特《波德莱尔》作序。

们，显然是个教名。人们把她们从可怕的天然中拯救出来的同时，给她们强灌一些德行，无非是单纯对女性本能的否定。诗人的妻子，冷漠，寡言，不起眼，尽心尽力，是对女人的否定，如同诗人是对男人的否定。但同时，她除了是丈夫变瘦的复制品什么也不是。魏尔兰要求他的姐儿爱他、懂他，希望"他那颗只为她而透明的心不再成为一个问题"①。图尔农的这位教师没有这么多奢望。领悟，依然意味着太多的主动性：他的妻子满足于映照他。马拉美写道："不是上几堂课就可铸造一颗艺术家的心灵，必须温暖她的心灵，始终如一地、柔情似水地予以温暖。如果你娶的女人受益于她的语言文学老师才成为艺术家，那就是一个才女……如果当真是位才女，那她只是在被爱的人亲吻之下刚绽放的花朵……玛丽娅要跟我两年才将成为我的映象。"② 两年过去了，他旧话重提，略带黯然神伤，写道："她是我天使般的影子，天堂般的映照，但她温柔的天性不可能使她成为麦克

① 引自魏尔兰《我熟悉的梦》，收入《农神体诗》。
② 引自马拉美致卡扎利的信（1862），转引自《马拉美一生》。

白小姐。"① 他给玛丽娅念他的诗，后来她坦言根本不懂。他明明知道她听不懂，但照诵不误。有时在她面前他焦虑得放声痛哭，她一声不吭地瞧着他，由于吓瘫了，深感莫名其妙。渐而渐之，他习惯于用另一种语气谈论妻子。总之，她具有两重性。对所有人来说，她是公务员的妻子，他要求大家尊重她：他最好的朋友，他的"兄弟"，他的启蒙者（欧仁·勒费比尔），总有一天必将敢于携带"非法女眷"登门造访。马拉美一旦判定他妻子被冒犯了，就跟那个冒失鬼永远闹翻。但在私底下，他却慢慢使妻子恢复青春，以父女关系替代兄妹关系，使她变成自己女儿的孪生姐妹。这不，他结婚几个月后便已经充满父亲般的宽容："我可爱的德国玛丽娅出去了一会儿，把她缝补的长袜放在我那本波德莱尔诗集上。我觉得太有趣了，不忍心把长袜拿开……"② 三年之后，他谈起妻子和女儿时，如此描写她们："两个小女人争吵，

① 系莎士比亚《麦克白》(1606)中人物。马拉美时年23岁。引自马拉美致卡扎利的信(1864年3月23日)。

② 引自马拉美致卡扎利的信(1863年12月9日)。

不断抬杠，只要我一踏入房门，她俩都向我告对方的状。"① 果不其然，孩子气老婆是从英国引进的，这不，在英国，刘易斯·卡罗尔和狄更斯对"姐儿"都抱有怀疑感，所以这位从英国进口的孩子气妇人落地生根法国几十年取代大写的姐儿。然而，我们这位年轻公务员则没对"孩子气的妇人"特别温情。他娶了个老婆，如此而已，因为必须有个老婆嘛。在疯狂的年代，她曾经是个姐儿，但现在是夫人了，她必将一辈子做好家务，一辈子温顺，真有点可怜兮兮的，她只是日耳曼浓厚的黑暗中一抹微弱的亮光，否则怎么会娶她呢？他几乎把这点儿亮光也给灭了，而第二个孩子的死亡把余光灭尽了。人们不再谈起她。后来她被丈夫欺骗了，心里苦闷，不时唉声叹气，稍微有点过分罢了：她抱着报仇的心态对女儿很凶。不过，有时也看到她出席音乐会。

他肯定爱自己的女儿，但这是后来的事儿，当女儿陪他去朋友们家，去剧院，在家招待周二沙龙聚会

① 引自马拉美致卡扎利的信（1866年8月10日）。

的客人们喝潘趣酒①，他将为自己的女儿感到骄傲。而1864年，他迎接她诞生时却毫无热情。诚然，戴斯莫兰老外祖母会说他"狂爱她"，但此话是不得不这么说的。就他而言，勉强说几句客套话，让朋友们看出他很失望：虽然快活，这是明摆着的事儿，但这种快乐"没让他产生活力"。他加添道："生活上的事情让我觉得太空泛，没法叫我喜欢。"② 几天之前他曾在奥巴纳尔写道："这个坏婴儿的哭叫声吓跑了犹太国王后。"③ 婴儿吮吸母乳时，带着怨恨注视妈妈："奈内维埃芙吸母奶时，自然像一朵玫瑰花，但我亲爱的玛丽娅被吮吸，脸色苍白，一直疲倦不堪。"④ 马拉美自然重新镇定下来，提笔给卡扎利写信："我的女儿美极了。"但，他对自己天使般的影子所表达的怜悯其实是对自己的内心有感而发：吮的是他身上的奶，这个贪吃的孩子非把他吞了不可：

---

① 潘趣酒，英国饮料，用烈酒、白糖、红茶、柠檬等调制而成。
② 引自马拉美致法国普罗旺斯诗人米斯特拉尔（1830—1914）的信（1864年12月30日）。
③ 引自马拉美致米斯特拉尔的信（1864年11月27日）。
④ 引自马拉美致卡扎利的信（1866年8月10日）。

"天非常冷、阴森森的冷，我待在玛丽娅火炉旁一角，孩子在场，必须点燃熊熊炭火。我走到火炉跟前，几节课下来挺累的，我所有的时间几乎都被课时占去了，而奈内维埃芙哭哭啼啼，把我的脑袋都哭炸了。"①

诚然，马拉美是有朋友的，尤其卡扎利和勒费比尔两人，后来增加了维利埃和科佩。格拉蒂尼常去拜访他。对他们的长信，他给详尽的回复。难道可以说他喜欢他们吗？精神上，是的，但心灵上，不是。后来有一天他写道："心灵，我不知道这意味着什么。头脑，我用来品味我的艺术，况且我喜欢过几个朋友。"② 尽管他更乐意他们不在跟前，眼不见为净，耳不听不烦："等他们走了，我这才真正觉得跟他们在一起，跟他们同享回忆，邻近他们的梦想，而他们有时真的出现在眼前，颇有被打扰之感。"③ 然而，有时又避免给他们写信，因为他需要"一种莫名的

① 引自马拉美致卡扎利的信(1864 年 12 月 26 日)。
② 引自马拉美致梅里·洛朗的信(1889)。
③ 引自马拉美致卡扎利的信(1869 年 12 月 26 日)。

寂静"①。后来竟为了一个有关礼节规矩的事儿，跟勒费比尔闹翻断交，没有任何迹象表明他为此后悔。卡扎利渐渐跟他疏远，而他没采取任何举动将其留住：甚至可以认为他根本没有察觉。至于维利埃，马拉美始终满心欢喜跟他会面，他们谈得很投机，说半句话便别有会心。后来他们分手了，几个月，甚至几年过去了，杳无音信，尽管再后来两人又相聚了。

　　大写的天性将有助于马拉美走出自我吗？晚些时候，他有所点破：天性"向自身的青春传递一股热忱，我称之为激情"②。但这是作为"演出表白"的。假如我们想理解这种表达道出天性所包含的爱心，那必须把我们为天性设置的新添不透明性剥去。这样，天性就会让我们看到赤裸的生命和纯粹的实在，就会形象地表现思想的强横局限，我们喜爱天性萌发的一根草，却事与愿违，远非把我们的"心事"投射给它。我们情愿千方百计用我们的情感去体验草和水的质量。必须由天性来触及我们束缚我们，在最

① 引自马拉美致诗人奥巴内的信（1865 年 12 月）。
② 引自马拉美《牧歌》，收入《一个主题的变奏》，参见《马拉美全集》第 402 页。

亲密的融合中使其盲目的原则渗透我们的心身。说到底，是我们要求天性向我们提供备用的种种密度。图尔农的诗人，他，不触及矿石也不拨弄植物：对他而言，大写的天性在任何情况下都不是可感知的东西，都不是可参与的东西，却是可见识的东西：他的目光远距离捕捉得到，他称之为"可触知的大理念"①。我们从中探求的，即使不是纯粹的个体性，至少是一种很粗鄙的特殊神宠说。他像大部分同时代的诗人那样探求概括性和重复性，从窗口观察日复一日、年复一年的天空万象开始，就像是他在指点江山，而不必冒险遭受万象运行的愚弄，也不必从中学到什么东西。事实上，他仅仅是指点江山吗？更恰当地说，难道不是彼时非常空泛、非常慵懒的诗学理念选择了他去按照预设的礼法处理天下万象吗？正如以下他留下的文字所表达的：

> 一年之中，我特别喜爱的季节是夏末临秋那些无精打采的时日，白天我散步的时候正是太阳

① 引自马拉美《牧歌》，收入《一个主题的变奏》，参见《马拉美全集》第402页。

快落山的时刻……同样，我最为喜爱的文学则是罗马帝国末期垂死挣扎的诗歌。[1]

马拉美以为可以解释他的兴趣爱好了：自从他亲姐去世，"很奇怪很奇特，他喜欢上可以概括一切的一个词语：败落"[2]。然后就在 1861 年，并不拥有姐儿的魏尔兰写道：

> 秋天与落日！我多么幸运！
>
> 鲜血洒在腐烂败象上。
>
> 天顶上的火灾！自然中的死亡！
>
> 我，我爱你，料峭的秋寒，我的最爱……[3]

"鲜血洒在腐败烂象上"使人想起波德莱尔的诗句：

> 太阳淹没在它凝固的血液中。[4]

毫无疑问，波德莱尔喜欢秋天，他"爱秋天，

[1]　引自马拉美《秋怨》，收入《散文诗》，参见《马拉美全集》第270 页。

[2]　同上。

[3]　引自魏尔兰《十月的一个夜晚》，收入《早期诗选集》，参见《全集》，七星文库。

[4]　引自波德莱尔《雾与雨》，参见《恶之花》。

赞秋天"（参见《雾和雨》），但也不可以说秋天是他最喜爱的对象。排他性喜爱秋天正是下一代诗人的套语常谈。

不久之后，魏尔兰写道：

> 毒药浸染我的感官、我的心灵、我的理智：
>
> 伴有黄昏的记忆掺和在不省人事的昏厥里。①

没有人怀疑喜爱秋天和傍晚是"人同此感"，这是1865年诗歌感受性的绝对需要。沉思秋天成为心灵修炼的组成部分，其公会成员年年岁岁必修的，如同晚间祈祷是一种日复一日的升华。确实，图尔农的诗人有正当理由从落日中、从残夏里看出人类悲剧的象征：败落。但天象残败向他折射的并非自己亲姐的死亡：这位年轻的亡者本身就是一个象征。诗人在大写的自然中读到的，正是大写的诗歌"衰落"，大写的人即将遇到的死亡，即所谓"末世论"。一言以蔽之，知识资产者阶级的忧虑感知。人们不可能指望自然景观去把知识资产者从其才思枯竭中、从其焦虑不

---

① 引自魏尔兰《神秘夜晚的暮色》，收入《农神体诗》。

安中、从其困惑迟疑中强行拉出来。

放逐、理想、不满、鄙视：这些陈词滥调表明诗充斥牢骚怨气。马拉美，这位诗人教师喜爱秋天胜于春天，喜爱傍晚胜于黎明，喜爱颓废胜于上进，其喜爱的程度与巴黎的朋友们相比不多也不少；跟他所有的朋友一样，感到男人"对女人太单纯"。总之，他的身心包含着一小块"灵性，这个敏感的、异国的、异类的灵性，始终带有离愁别恨……"① 这小块"灵性"也是他们共享的。然而为何他的同行们不完全"认同"呢？因为马拉美无所顾忌地按他们的原则"生活"，他把诗人们高贵的、非常高雅的情感当儿戏，似乎当作他的掠获物，同时又被其蚕食。颓废是诗人们怨愤之心非常珍惜的，马拉美不满足于浅尝辄止，而要成为颓废的化身，并以自身的颓废象征他们的颓废，他变得"衰老……愚蠢……衰败"，巴那斯派的无动于衷只不过是门面。勒孔特·德·李勒将其分门别类：他，马拉美，青年公务员，需要"使自己变得"不动声色吗？同仁们为什么要把微笑的玄

~~~~~~~~~~~~

　　① 引自勒费比尔致马拉美的信（1866 年 5 月 9 日）。

奥推行到引起读者公开鄙视呢？对困惑不解的巴黎人来说，外省青年出现在他们面前，既是他们漫画式的形象又是他们的牺牲品。他对这一切信以为真，其实人家没有对他这么高的要求。到头来这会把他引向何方？他唯一的爱，诗呀，好像已自绝于笔端，他一旦独处，一有间歇，就趴在纸上，像个"绝望的怪人"①。但什么也未来临，或几乎什么也未发生。说真的，这种束手无策是有时代性的，换了其他的诗人便将就了事。而他，马拉美，却为此痛苦，为此绝望。不管别人爱听不听，他逢人便提高嗓门："我永远不会只充当业余爱好者"，抑或"写诗么，我完了"。② 简直就像第二帝国的消极诗歌选择了这个极端主义者，为了让他自己完全郑重其事地自杀。走投无路的虚无主义诗人们，为了应对来自他们自身太完美的形象诱惑，迫不得已宣扬他们从前蔑视的德行：现实感知，通情达理，机会主义。一言以蔽之，这位朴实的外省公务员仅凭他的存在，迫使巴黎诗人们对自己的本真性和对自己相信梦想的程度作出决策。凭

① 引自马拉美致卡扎利的信（1865 年 12 月）。

② 同上（1864 年 11 月）。

什么？他是谁？

牺牲品被选择得好得不能再好了，好像量身定做的。"我的父母家自大革命以来，一直不断地充当税务登记局的公务员"。[1] 两家有朝一日联姻是必然的事情，门当户对嘛。没错，1841 年 6 月 14 日，税务暨财产登记局局长，由亲女儿艾莉莎白－费莉西做媒，娶其下级女主管为妻，曾几何时新婚妻子就为他生下一个男孩：斯泰法纳·马拉美于生 1842 年 3 月 18 日。奇妙的年龄、性别、职务平衡，在艾莉莎白看来，税务暨财产登记局的上级屈从其下级，但作为局长兼该局继父，他重新建立起权威。在新婚的夏季，登记局成为他自己的妻子，相爱相亲，圣经般地博得认同。这种自体受精必定产生自在公务员，即两个公务员世系的奇妙精髓。假如说埃多姆人不要女人就可自我繁衍，那么真的是"埃多姆一夜之孩儿"。马拉美后来写道："公务局是我在襁褓里别人给我预留的天职"，"我们不难相信嘛"。[2]

按某些探险家和传教士的说法，有些相当不开化

〰〰〰〰〰〰

①② 引自《马拉美自传》，收入《马拉美全集》第 661 页。

的原始部落以为他们的孩子是死人投胎的。爱斯基摩人给新生婴儿取刚死的人名，金斯利①告诉我们，有些黑种人把属于尸骨未寒的亡者物件放在婴儿拿得到的地方，如果婴儿伸手，大家高声嚷道："瞧瞧！瞧见了吧！老祖父认出了自己的烟斗②。"读到这样的文章，我向来乐此不疲，因为这类事情犯得着去讲爱斯基摩人或非洲人吗？这些习俗恰恰是我们自己的风俗啊。我们的孩子是什么，难道不就是复生的死者吗？大部分时间，是父亲，因怨愤和苦楚而死亡，盼着自己有新的机会从娘肚子重新出来。不过，也有可能是叔伯，抑或出于理性、原则、德行或职务而重新成为生灵。不管怎么说，孩子从来不是自己"想做什么人就做什么人"的：父母的关怀使孩子学会自我感觉为化身或复制品，一言以蔽之，别无其他，一脉相承。从这个角度来看，埃多姆的孩子得天独厚：他可以一下子成为所有先辈的化身，因为他们全部一模一样：

---

① 查理·金斯利（1819—1875），英国教士，小说家和诗人。
② 这句熟语意为"老马识途"，此处意为"死魂投新胎"。

性冷漠的玫瑰花为了活得栩栩如生，

千朵一面地结成含苞待放的花蕾。①

生活，对于家庭来说，只有一种样子，一代又一代重复下去。新生儿的命运是牢牢固定的，以至不再知道是否庆祝出生抑或死亡。那么多和蔼善良的妇女俯身于富有那么多大希望的摇篮。结果到头来某一天人们将看到从摇篮里出来的却是一条小爬虫，尽管它发育完善、健全、敏捷。

突发的裂缝：充当中间人的处女，一旦断定她的角色完成，就消失了。她是谁呢？很久以后，她的母亲哀叹"极度的想象使她的机体消耗得筋疲力尽"②。此言让人隐约理解为一起高超的凶杀或经久的自杀。公务员出生证暂且不说，反正出生于斯，外加结婚于斯！艾莉莎白提出谨慎又最明确的抗议：她奉献了两个孩子给公务局：一个行政主管和一个未来的行政副主管的妻子，后来从意大利回来，她就死了。这起死亡真正的含义没有完全逃得过当局，我上面引述的那

① 引自马拉美《扇子》，收入《诗集》第58页。
② 转引自蒙多尔传记《马拉美一生》。

封信意味深长。同样，副主管的再婚证实隐约的不安情绪：这起续弦尽管在艾莉莎白去世四年之后举行的，却在登记局内部暗中受到谴责，丧期好像被缩短了：这等事在官僚机构被遗忘得比较慢。再说，这次，鳏夫娶了商家女子。然而每当家族成员们聚会总弄不明白艾莉莎白为何走绝路，有一点可以肯定，孩子心里明白无误。

这起丧事对马拉美产生的影响是直接的、决定性的吗？无从知晓，我们只掌握一条信息，而且来源尚有疑问的："事发几天之后，外祖母叫他去客厅，她正接待来宾。当客人谈起突然发生的不幸时，突然孩子一时找不到适应表达的举态而尴尬，干脆采取地上打滚，把长头发弄得乱七八糟，披得满脸都是。"①亨利·德·雷尼埃②讲起过这桩轶事，声称是马拉美本人说的。故事哪怕是真的，我也不太觉得可以得出什么结论，因为人的爱心是有强度变化的。再说，尤其孩子们的悲伤并没有公共尺度，我们没有给他们提

① 转引自蒙多尔《马拉美一生》第 13 页，加利马出版社。
② 亨利·德·雷尼埃(1864—1936)，法国诗人，法兰西学院院士。

供标准去表达嘛。在我们成年人世界里可以把痛苦说成是连续不断的雷雨引起的不适，以及因参加舞会和庆典衣服穿少了引起的病痛。对孩子来说，痛苦，不管什么都可引起他的痛苦。比如母亲要出门旅行，告别时孩子让她漫不经心地亲吻一下，便回去玩游戏了：第二天，他患上了麻疹。于是，麻疹成了他的悲伤，另一个悲伤来自父母离弃，原本一直爱笑的，开始偷窃、说谎或尿床。不要以为他们不知道什么叫痛苦，倒是我们把痛苦简化为不伤人的芭蕾舞，进而以吵吵闹闹而无伤大雅的混乱替代因痛苦而引起的可怕不适应。

最好还是琢磨一下这起死亡在小男孩儿的生活中是否引入很深的伤口。后来他是否感觉到了因母亲的死亡而改变了呢？众所周知，对波德莱尔而言，"儿童爱恋的绿色天堂"① 意味着什么。克雷贝②曾引用过比松③的一个说法，有助于理解波德莱尔著名的

① 引自波德莱尔《风俗和流浪》，收入《恶之花》。
② 克雷贝，系波德莱尔作品出版者。
③ 比松（1841—1932），法国教育家，主张改革初等学校体制，1927 年诺贝尔和平奖获得者。波德莱尔青年时代的朋友。

"裂痕"："波德莱尔是非常敏感的人物……生活中一受到打击极易产生裂痕"。总之，他不能忍受母亲再嫁。然而，我们谈论年幼孤儿后来成为最神秘的人物。我们在马拉美的著作中好不容易找到涉及失去的天堂几个隐语：

> 你之所以看见我的眼睛迷失于天堂，
>
> 是因为我记得从前喝过你的奶水。
>
> （参见《埃罗提亚德》）
>
> 光荣，是我们从前避之不及的，多么可爱的童年哟，
>
> 彼时处在布满野玫瑰的树林，
>
> 在蔚蓝色的自然之下……
>
> （参见《疲于凄恻的休息》）
>
> ……仙女戴着耀眼的帽子
>
> 从前闯进我这个被溺爱的孩子之美梦，
>
> 飘过时始终双手捏得不是很紧
>
> 让秀气袭人的白色星形花球下雪似落地。
>
> （参见《幻象》）

我不敢断定这些诗句表达了一种真正的遗憾：自

波德莱尔以来，失去的童年这个主题是得人心的诗目。怎么知道是不是童年的遗憾挑起被放逐的感觉，抑或相反，被放逐的感觉找到了用诗来表达童年的遗憾呢？人们很想指出"他母亲的死，之后他姐姐的死，从色情变态的角度而言，他是一次巨痛的打击"[1]。我承认未敢苟同，因为用诗来表达埃多姆儿童的主题不属于他的专利，马拉美那一代人多有涉猎。"超自然色情大潮"[2]，乱伦的变态色情，失败和非存在情趣，绝望理想主义，摩尼教善恶二元论，矫揉造作的故作典雅，虚无主义：几乎这么多思潮散布于那个时代的"客观思辨"中，表明历史和社会局势，同样甚至更多表现个体感受性。这些思潮，人们将在魏尔兰初期诗歌和《农神体诗》中重新发现。我心里明白，魏尔兰后来摆脱了，净身而出，去走自己的路，不像马拉美深陷其中，并永远打上自己风格的戳记。不管怎样，这些诗人是被选定而并非被选出来的。真正的问题在于：凭所有人的历史抑或凭单个人的历史来诠释？凭所谓"唯物辩证法"或"精神分

---

[1]　语出夏尔·莫龙（1899—1966），法国文学批评家。

[2]　语出安德烈·卢梭，法国文学批评家，生卒不详。

析法来诠释"？莫龙先生写道：一切诗歌"以世人的形象控制魔鬼，以梦幻的方式将其破解，既撇开诗的意义也不顾明显的普通意思……"此言有理，乐于接受。但他能给我们点拨什么吗？

莫龙先生回答："无意识及其情结的象征性表现力。"为什么这么说？为何仅此而已？马克思告诉我们："积极的观念学派有塑造统治阶级对自身幻想的特长。"① 当然，他们当中的大部分是真心实意的，故而是被蒙骗的。《骰子一掷，绝不会消除偶然性》描绘的遇险完美地表达有产阶级的恐慌，因为意识到不可避免的没落：资产阶级面对上帝死亡深感苦恼，同代观念派的"颓废主义"，心怀怨愤之人的赌气，同时盼望失败，一了百了。正如莫龙乐意所见，这种遇险也很有可能是"父辈一种批评与自我批评，同时也是愿望的实现。因为不管怎么说，大海和死亡始终稳操胜券"。然而必然因此会产生"复因决定"，因为同样的象征把我们复射到被象征事物的两个不同秩序。人们刻意要使《骰子一掷……》成为"俄狄浦

① 参见马克思《德意志意识形态》，第一部分。

斯"式诗歌，因为"大海是母亲最常见的象征之一"。我乐观其成，并且注意到大海这个主题出自波德莱尔的灵感。我乐意认为在波德莱尔的诗中大海这个主题来源于俄狄浦斯情结。但恰恰正因为如此，我不太确信这个主题在他的模仿者们诗中保持这个特征。此外，对马拉美而言，问题不在于"出生"的主题，我想说问题在于深层的动机，其存在似乎远古以来就有的。1859年，他提到……

……阴暗的悬岩

巨人似的屹立着，任凭海浪侵蚀。①

英国被称为一块"泛白沫波浪拍打的老岩石"②。不妨可以从下列词语中看出"岩石"的预兆：

……岩石

虚幻的庄园

转眼之间

烟消雾散

① 引自马拉美《他的墓穴已挖好》，收入《童年和青年诗集》，参见《马拉美全集》第6页。
② 引自马拉美《他的墓穴已封上》，同上。

俨然树立

通向无限的界标。①

　　然而，最起码可以说，真的没必要如此。其实在《海上微风》（1865 年 5 月）以前并没有涉及大海。1869 年《伊巨图尔》建立了海洋及恒星的复杂性那种割不断的联系。② 我通过科佩的证词获悉诗人的象征性宇宙论早在 1872 年就大致敲定。但大洋的主题在 1873 年以前没有取得良好评语的进展。诚然，马拉美在图尔农文稿中写道：他若不悄悄塞进诗中"一种水生幻想"③，就一首诗也写不成。这不，水好像完全介入他笔下的镜子功能，即是沉睡的水，平静的江河或湖泊或流域，按照需要，或凝结，或融化。这很像与日俱增的大海遇险顽念，挥之不去，进而去除液体性，将其重新运用到新的象征性功能中去：这种顽念于最后的岁月中形象地表现为载体无限混乱以及大偶然性主宰。一言以蔽之，不信上帝的世人之苦难，该是那个时代的共同主题吧。因此，"水生幻

----

① 引自马拉美《骰子一掷，绝不会消除偶然性》（1867—1870）。
② 引自马拉美《伊巨图尔》，收入《马拉美全集》第 435 页。
③ 引自马拉美致米斯特拉尔的信（1865 年 12 月 31 日）。

想"在"成年人"操心关注下自身起了变化。这种变化是自我意识到的,是自觉的。当年轻诗人的自我迷恋让位于英雄的悲剧性观念时,纯粹的反射光泽"介质"就变成了外在性的无人性动力。

难道能够给如此明晰地改变了的象征保留其阴暗面吗?是的,在某种程度上是的,但人们看得很清楚,它处于那种纯度,是不可能给它使用精神分析方法的。这里,真正要解开的谜比较复杂:关键在于要知道人们如何能够同时运用两种声称互相排斥的方法,如何同一个主题总体能够充当标志,即同时既给个人的、性欲的遭遇又给社会历史的时段充当标志。假如已经证明人们必须同时兼顾这两种方式,那么应该在这两种意义的范畴之间建立什么关系呢?诠释?绝对分离?一种方式对另一种方式施加单义影响?互逆作用?我们之所以选择图尔农的这个"晦涩难懂的斯芬克斯"①,是因为我们觉得找到一个得天独厚的机会具体地正视精神分析学和马克思主义的诠释。

一个滑头低垂双眼承认:"我知道我什么也不知

———————

① 引自马拉美致勒费比尔的信(1876年12月16日)。

道"，此人或许是个苏格拉底，一个笨伯摆出自命不凡的模样说道"我不知道"，此人定是个实证主义者。1920 年的先生们享有忧郁阴沉的权利，预言以苦修苦行赎重罪。实证主义者跟他们相似，以中产阶级轻松的忍让为人类认识划定界限，由此无知变成风雅。马拉美是无神论者，谁也劝解不了的，他以精神赎重罪的预言来报复上帝的死亡。精神分析刻意成为一门经验论的学科，按照经验，在社会上，招揽病人，逐渐建立全凭个人经验的联系，以维系与周围的人相处。这些关系乃至对这些关系的研究意味着一种先决条件：病人、得病的缘由以及精神分析师本人属于相同的本体论系统。但就精神分析师而言，这是理所当然的：他遇到一堆相伴共存的轶事，研究其相互关系，为此他自我寻问获得整体感性认识的可能性，因为恰恰这些感性认识是整体赋予他的。他识破的种种联系，诸如：因与果，手段与目的，故事始末与人物性格，禁止与违禁，性欲本能与死亡本能，色性与压抑，等等。按照他的说法，建立在纯近似的抑或不妨称之为简单毗连的本体论联系基础上。然而，这种联系是"偶然的"，事实是这个人曾有过这样或那样的父母，这样或那样的童年以及"外在的"：界限全凭个人经验的互动而相互改变，却不是通过对一个相同系统的共同属性而互变。涉及"已知建立的"或"处于无动于衷的近邻"，这种毗连关系实际上是对一切关系的否定。只观察偶然和次要关系的决定引导精神分析学家原则上忽视某些主要的结构：诸如人际关系的"存在依存型"，向世俗的"倾斜度"，与现实保持绝对距离，等等。这些结构使他产生感知、找到方向和获得日常经验，其本身就是体验存在的综合关系规范结构，人们称之为"整体存在"。确实，不可能把包罗万象的人类现实的原始关系拉回到简单的毗连。因为，如果说该系统的元素只不过是整体感性认识，任何元素都不可能为了跟其他元素交流而摆脱自身的孤立。况且，什么叫作"整体存在"（共同活在尘世）呢？只跟同时性有关，仅此而已。总之，这种对内在联系的"否定"必然牵连内在性综合联系的整体性。而整体感性认识，从两个有区别的事实来看，属于相同的综合整体性，但只有这种属性，别无其他相互联系。外在关系必须以内在性关系为前提，前者是后者的一种特殊情况：外在性就是确定之后又否定的内在性。

因此，不管精神分析者所谓全凭个人经验的关系是怎样的，它必须存在于伴随大写的整体原始关系基础上，其实这种关系只不过是一种规范。譬如，父亲的愤恨是以跟他人发生了近因的、亲历的关系为前提的。当然我不是想说孩子在与父母发生一切接触之前就已经抽象化地确定跟他人的关系。我想说孩子只能感知父亲作为建立在人类现实前本体论的理解基础上的一个人，在他身上和身外，尽管不言而喻这种理解的觉醒和现实化则是在与周围的人们全凭个人经验交流之际发生的。以为"人类实在性"存在于先，而后一下子与非"人类实在性"的东西相接触。突然出现在人间偶然的一个依存点上，在无数单个儿的客体中间，"人类实在中"自我"超越外围部分"，其突然出现的本身就构成与整体性相结合的实际关系。要么人是一块砾石，要么人是原始关系，即出现于存在中的生物，抑或所有关系的基础。这或许是某些精神分析学家想给我们的东西，但必须立即补充道：经验结构的研究不归他们管。然而，这恰恰是他们的谬误，因为此处既不涉及超验性意识，也与康德哲学的课题无关，既不关形式本源，也不是先验综合判断问题。尘世原始关系不会是感性认识的，也不会潜在地存在，更不会悬空待着，惰性飘浮着，它必须是有实际生活经验的，实际存在的，这就是说每个人类实在性必须自己创造自己，自我创新，是单个儿与整体的关系。整体存在，俗称"存在于世"是从单纯特殊偶然向全部机遇综合体的一种超越，预设根本不去理会个别幻象，除非，天际深处显圣，否则就像整体的某种具体限定。这种关系的模棱两可性来自于它不是整体与其自身的关系，而预设某种偶然的、意外的、失落在种种现象之中的实在性，进而形成自我超越去面对压得它不堪重负的整体性。因此，这既是投射于现象的无限单个性爆裂，并随之消失，为的是有个大环境能够存在，又是把"自在"洒落在同一个行为单位之中重新合拢组拼。与此同时，舍弃原始有限性作为个别的存在，后者显现于大写的整体性模糊深处。

简而言之，这种与尘世的关系既是体验我们的实在（或我们的躯体），纯粹而呆板的偶然性，又是超越这种偶然性的一种方式。因为超越躯体是体验躯体和使躯体存在的唯一方式。这种最初的"投射"，作为与实在的关系，将落实到社会实践，并且作为尘世中的依存方式，从世界观角度将被解释为我们"实在"的超越，是实际体验到的。这叫体现我们的选择。而我们通过超越选择本身品尝无法辩解的存在所包含捉摸不定的滋味。这种对待实在的态度在我们的眼里显露我们纯而又纯且不可言喻的品质，而在其他人眼里却像我们难以限定的风格。一言以蔽之，这是我们情感性的先验结构。这种活生生的、创造性的感受性充当我们所有全凭个人经验的情态基础：既然这种感受性确实建立我们与全部现实的联系，每次激动或每个情感表达感受性的同时都使感受性个性化。同样，对父辈或对自卑感的怨恨，对大家而言，都是通过跟某个人或某些人的关系所建立起来的联系，只有当我们的怨恨和自卑感在德国称之为 Mitsein（部分实在）①的基础表现出来时才使我们跟所有人接合。性欲，不管在何种外表下看待它，哪怕化成恋己癖，也

~~~~~~~~~~~~~~~~~~~~

① Mitsein（部分实在），与其相对应的是 être-dans-le-monde 或 être-dans-le-tout 或 être-au-monde。（整体实在或实在于尘世）：后者是萨特语，前者是黑格尔语，与之对应的是 Dasein。

只能在他人已经存在的尘世中得以表现：手淫本身先是跟别人搞的姿态，然后是跟自己搞的姿态。

然而，这种实际存在有自身的病理学。有一些"实在于尘世"的疾病，按梅洛-庞蒂[1]的意思是说"我思故我在的疾病"（"我思"也是一种具体关系，由因及果，是由意识及自身的具体关系）。"实在于尘世"的二重性来自于机遇的存在物与整体所产生的关系。因此，关系绪多状态之中的一种换成另一种状态时，就有危险啦。尽管世人并不乐意抓住任何个别性不放，除非"不着边际"的个例，因为其周围全凭个人经验的某些争吵可能迫使他改变初衷，抑或至少原计划的内涵乘机发生裂缝或混乱。由此，"实在于尘世"是一种先验的推理，因为是综合性的关系，奠定经验，但可能变质，改变其内在结构，与后天的局部变化相关。这是个别发生的事情，当某些历史的、偶然的形势拿人的存在本身去大千世界冒险，向他揭示其本质的脆弱性或使他相信根本无法抽身。一位亲人的死亡可能是有决定性意义的，因为死亡一

---

① 梅洛-庞蒂（1908—1961），法国哲学家，著名学者，萨特高师同学、挚友，虽政见不同，却始终互相敬重。

劳永逸地揭示"不再存在于尘世"的可能性作为"实在于尘世"诸多特征之一。这种人类状况的揭露作为"不合常情"的事情有可能造成的变化，比单纯的性生活不健全重要得多：可能影响我们与客体的距离，影响我们对存在的直觉，甚至影响我们对自身的鉴赏力、倒转这种联系，就经验而论，增加或减少我们的不端正。

在使我们操心的情况下，即使过早的丧事迫使孤儿惋惜"香木般可爱的童年"[1]，当孤儿压根儿驾驶不了青春的性功能时，我们大可不必全凭个人经验的情感范围内寻觅其主要功能了。孤儿最深刻的反应，我们在儿童"实在于尘世"之中找得到。

直到6岁，他与整体性之间实际生活经验的关系，仅在于他对母亲的爱：他的母亲和尘世是融为一体的，这个温柔的女巨人，根深枝繁叶茂，完美地屹立并消失在大自然之中；万有的大自然在她完美无缺的柔软裸体上映照其天与水的静脉，折射其岁月的轮回火焰，多半与融化于山林水泽的仙女相混淆了，孩

---

[1] 引自马拉美《倦于凄恻的休息》，收入《诗集》，参见《马拉美全集》第350页。

儿似章鱼般缠着母体，通过这个亲密的肉身吮吸汁液：母亲啃尘世，孩儿啃母亲，通过乳房，"女人流出不可名状的白色汁液"①，在这奇异的、液体的圣体里，整个宇宙一应俱全。断奶使孩儿发现他在他人眼里是个他人，他必须悄悄地滑进成年人给他量身定做的"Persona"（人物——拉丁文）里，却是母亲的柔情减缓了冲力。他的父亲和祖父有时逗他，让他隐约明白自己的命运，但还不至于为此操心。儿子已经知道娶不了母亲为妻，却偏偏对自己的母亲说"等我长大了，我娶你为妻!"他父亲听了此话，可以毫无顾忌地对他说："等你长大了，你像爸爸做一样的事情。"在这两种情况下，父子对话与其表明未来，不如说使现在的关系更加紧密。孩子把父亲的预言当作现时的提升：对父亲说他未来将取代父亲，这等于给他提供机会自今日起与父亲同化了。这给他提供了贪得无厌的欲望，孤儿也知道他渴望，而且被渴望，但这种渴望与尘世无关。

孩儿的成长在脱离父母的怀抱，转向外界"所

① 引自马拉美《诗的馈赠》，收入《诗集》，参见《马拉美全集》第40页。

需时刻"之前几个月或几天，就已中止了，不会发生逐步的解脱，母亲细心地对此守口如瓶。有些孩子因学徒太苦，灰心丧气，企图返回前一个阶段，却与之相反，千方百计到处寻觅拥抱。母亲在小梳妆台前坐下：他凝视她，却视而不见；在穿衣镜里或在靠背椅上，一种习惯促使他召唤一个亲爱的人出场。人倒是在场的，但不言明的是：徒劳搜索的范围，即布画的底色。因此，自我投射万千世界的半途中就粉碎了：现实好比单纯的底色，是外加的，受到次要的关注。孩子当然显露无遗，好比一次超越，一次呼唤，一个欲望：但这种欲望却把他引向一个女亡灵，即过去。刚出生的这个人则是一种奇特的关系：其一端是空缺，另一端是虚无。尘世滞留后景：现实性依然是那种晦暗的外有，贴近外有则是外无的闪现。时不时，在这种阴暗的厚实性上，好像一个形状即将产生，一只翅膀将在黑暗中扑打，一身羽毛的白色顿将颤动：在这片云一般的氛围中，在这团颤抖于树叶丛上的阴暗中，失踪的女神也许将显现。总之，一个客体独处了，哪怕最细微的、最易消失的，也是一个现实的客体。但它并不为自身考虑，而是世人通过它寻觅死亡女神的明显外在。

> 淡淡的肉红色，如此明亮，
> 在空中飞舞闪现，尽管空气
> 昏昏沉沉地蒙眬入睡。①

噢，不：不可思议的在场，闪身消失时却显现"完整的相同实在确切无疑"②。

> 我喜欢做梦吗？
> 我的疑团，古老的黑夜星团，解开时，
> 化为许多微妙的枝丫。
> 即使像真正的木头那般愚钝，也证明，
> 嗨！我独善其身，自我提供
> 玫瑰般理想的过错而得意扬扬。③

"现实"之呈现，是希望令人眩晕的消失；整体的绝对在场，是某个人的普遍不在场；个别客体的突现，就是一次失望的最后期限，一个梦想的激情留下

---

① 引自马拉美《牧神的午后》，收入《诗集》，参见《马拉美全集》第50页。
② 引自马拉美《音乐与文学》，收入《马拉美全集》第648页。
③ 引自马拉美《牧神的午后》，参见《马拉美全集》第50页。

的灰烬和渣滓。所有的客体同等地"微不足道",它们普遍的等量产生于它们在一种共同否定的基础上自我表现的东西：所有客体具有相同的形式特征，即不做被希求的客体。既然对实在不抱有渴望和等待，现实的全部又回落到自我，但不可能把自我填满。无限的实证性是不充足的反面，这就是整体，当然喽，但到底是什么？整体不只是如此吧？整体性，看上去，是无限的，永久的，无所不在的。孩子诠释道：整体性只能是什么就是什么，不会是其他东西。一切事物，在人们观察这一切事物的形势下，总能成为一切事物的。他大声道出一句痛心的大实话："无只是本身的东西，仅此而已。"① 用虚无去限制实有是徒劳无功的。当然，在实有之外，什么也没有。但恰恰是什么也没有否定了一切皆有：根本不必自我提供直接预感，"实在"突现于"非实在"的垮塌。这个间接世代首先是对不在场的一种破坏，一言以蔽之，就是否定之否定。孩子的母亲不断地消亡，这种落英缤纷般的牺牲，周而复始，显示大千世界的景象，但他不

① 引自马拉美《音乐与文学》，参见《马拉美全集》第647页。

可避免地非难实在。当孩子浑身紧张企图抓住虚无不放，有意恢复自然的温暖混沌，哪会想得到用自己种种幽灵的不可靠性去解释他的失败：他责难尘世冒失的在场，企图抓住存在可能产生的一切表现，针对难以识透的整体饱满重新组合起来对抗亡灵，责难大千世界的结构太过紧密，进而反对一切渗透。孩子一气之下，缩回去作茧自缚，觉得自己徒劳的欲望反倒具有独善其身的真实性。他以对抗存在来断定应该存在的无比优越性，以对抗每个瞬间的否定来维系试图重新激活亡灵的绝望意志；既然尘世在他的失败边缘显示轮廓，令人不安的、不露声色的轮廓，他就宁愿接受这种在现实面前不断败下阵的失败。他内心深处的这种撕裂、这种活动亢进的空虚，正是他唯一的存在理由。于是，生灵蜷缩起来，花园、雕像和行人向后滑退，僵化的阴暗尘世在虚无的灰暗湖面上飘忽不定。所有这些小玩意儿虽然以硕大的"实有"显现，却毫无意义，一个秘密的"实在"就把它们冻僵了：一旦从大千世界脱离，就有人把他无可挽回地修理了。从六岁开始，孩子把"实在于尘世"就设计为一种流放，于是他的尘世生活便通向无可救药的失败经历。

后来，他从等待和失望的复杂游戏中、从自我摧毁的肯定和从肯定的否定中，学会了汲取一种感知的技术，他称之为"以其天生的感悟使外部有风险的贡献焕然一新"[1]。但这种感悟是什么呢？无非是与实在的依存关系嘛。幸运的儿童们发现整体饱满是一种唾手可得的已知相，认为否定、不在场和虚无的各种形式从局部不足的角度看出暂时的缺陷和易逝的矛盾。一言以蔽之，虚无后于实有。但就这个孤儿而言，正好倒过来；实有超外于乌有。经过虚无的通道是唯一接触现实的道路，他在亡灵冷冰的光照下静观尘世。就这种意识而言，存在并不是一种唾手可得的已知相。而唾手可得的是母亲乳房的温暖，如今不再有其他唾手可得的东西，唯一的感受是"一个物体的失落……一种震动性的消失"[2]。而唯一的原始直觉，是对不可实现的直觉回忆。不妨猜想，这个特征不会是"直觉的"，相反，孩儿更喜欢间接的认识方

〰〰〰〰〰〰

① 引自马拉美《论二十岁的理想》，参见《马拉美全集》第883页。

② 引自马拉美《音乐与文学》，收入《马拉美全集》第647页。

式。确实，间接将与整体相关：朝"从未有过"自我超越，就像朝最隐秘的不可能性超越，孩儿自我异化于他人的死亡，在最深厚的情感性中体验最纯的不可能为他人而返回存在的范畴，他投身未来的方式，即"否"这一奇怪的实体化，人们称之为"虚空"，即在目光的注视下可溶解的宁静透明性，揭露声音嘈杂喧闹和色彩的光怪陆离，换到别处重新自我形成，即固定和虚空的永恒性，使他的生命流程既不能远离也不能靠近，却透过普遍启蒙的持续时间自我延展。这种欲望与虚无的原始联系把一种病态间断引入其"实在于尘世"：从前母亲慧眼的闪光使他目眩，看不清东西，如今必须由实在的表面重新产生这种统一的目光。孩儿通过渐趋消失的虚假合成搜集自身各种各样的经历；把森林的树木全部封存起来，因为母亲不再漫步乔木林；把花园的硬板椅子和扶手椅子也收存起来，因为母亲不再坐任何椅子；卧房四壁依旧，母亲却再也不在家了。所以，整个统一体实际上依然起作用，孤儿根本不想揭示整体性，却企图恢复不在场的母亲。为了她，要求这种整体性存在于现时眼下。就他而言，完整只是一种海市蜃楼，即两只盲眼先前的视觉。一个缺陷从此将他与现实分离，乌有离他很近，始终比感觉的节期临近得多。从这个时期起，孤儿支配着双重的负面记载：大真实的光芒驱散母亲的阴影，大价值的腐蚀性光芒溶解上天微不足道的丰满。

这种苦恼虽然与怨愤非常接近，但时间有可能将其抹去。不少孤儿都善于在自己身上"转化丧事的作用"。但不管怎样，必须有机会帮助他们。可，这个孤儿，运气与他无缘。母亲离世暴露了他有两个父亲①。他是通过母亲了解他们的，现如今"两位先父"突显在稀疏气体里，双双作古，标志着生命中两代岁月共同的公务员，孤儿在他们脚下扮演公务员的童年，可谓第三代公务员。孩儿心知肚明他们是他的实在性。"你将来像父亲那样当管理者"：他心领神会，扫了一眼门房的命运，先前认为很自然的事情，如今倒觉得是一种抽象的、古怪的命定性。在自己眼里，他这个未来的人物具有两重性，不妨预先模拟一下自己的天职，眼前出现的却是单调的波折丛

———————

① 斯泰凡·马拉美的外公替补施行再婚父亲的权威，后者不久残废。

生。这样的习癖也将是他的习癖。我说什么来着？其实他已经染上这些习癖了：家庭生活好比一条镜廊：儿童、成人和老者都是互照互映的，儿童在他们身上看到自己的未来，就是说家庭不断重新开始的过去；他感到他们的目光透过他，并在他身上寻找自己的过去，就是说他无法逃避的未来。凤凰浴火重生是什么时间？第七代家庭管理者转世的凤凰来仪是何时？①现时，却是放逐，母亲不在世和整体的虚妄："现今无由，过去截止，未来姗姗，抑或现今与未来稀里糊涂地交织在一起，企图掩盖差距。"② 然而未来也不行，无非是实际生活经验的重现。他的生活已经被他人实际体验过，非常一般、非常无精打采体验过。这样的家庭记忆从未来的深处向他预示，孩子接纳亡灵的看法。就亡灵而言，一切都结束了，③ 一劳永逸地结束了，明日只是一片海市蜃楼，人们接触到的已是

---

① 与中国古代传说中的"凤凰"相似，埃及神话中阿拉伯沙漠的不死鸟，或西方传说的长生鸟，相传每隔 500 年自行焚死，然后从灰中再生。

② 引自马拉美《至于书籍》，收入《一个主题的变奏》，参见《马拉美全集》第 372 页。

③ 参见《圣经》，耶稣被钉在十字架上断气前最后一句话。

昨天。

公务员登记及国家财产管理局的"圣三公":局长、副局长和候补局长,或倒过来,税务员、副局长和局长三位一体,在空间勾画出时间运转的三个必要的阶段。大写的进步是秩序的发展,故而时间是个梦幻,一个噩梦。哲学家们不无辛酸地教导我们,人始终是不完善的,始终处于缓刑期间。想认定他是何许人,必须追踪他直至最后时刻,因为只有死亡才对他一生盖棺论定,同时也是最后时刻使总体闪烁发光并使其黯然毁灭。这种不确定性好处多多,归根结底,应该对令人焦虑的必然感到庆幸,我们处在必然之中,必然无自知之明,必然自我等待,必然自我塑造:经受考验,敢于冒险,在发现万物时发现自我,在改变世界时改变自我,这就是生活。还有比如此生活更好的吗?我会放弃充当神祇,如果有人向我如此建议。还不至于简单到"处于永久的危险"才能成为快乐的源泉吧。孩子尽管服丧,没准儿可能体验实际生活,只不过有个条件,那就是他"不知自己的未来"。让他继承父业,充其量是可以的,但至少这个职业必须有危险的、有风险的。这不,对孤儿马拉

134

美而言，登记局属民政社会框架，与打仗无关，政治更迭伤害不了他，对大历史他可以安之若素。

至于私生活那些事儿或性格特征，众所周知，不会影响职业生涯。那么功劳、工作，甚至诡计有何意义呢？如果您没有晋级的选择余地，那就指望工龄吧，一点风险的影子都没有："崇高的、温暖的友谊轻易地推着他上进。"① 既不需要天赋，也不需要天职："绝对不需要对职业感兴趣就可功成名遂，但缘由和时机尤其必须搞清楚。"② 或许无非：有些事儿还没完全定得下来，比如最终是担任局长或副局长。父亲和外公的差别是难以觉察的，这就是不确定性的误差，一生的赌注，仅此而已。假如这个职业令从事这项职业的人们讨厌，假如他们从中看出他们的卑劣或苦役形象，这种厄运没准儿反倒令人精神振奋，然后孩子也许得出结论：生活的要义在于职业之外。但这个家庭把主人与职能视为同一，这种认同恰似穿着

① 引自马拉美外公戴莫兰致拉纳先生的信，参见《马拉美的隐秘》第100页。

② 引自外公给斯泰凡·马拉美的信（1862年1月25日）同上，第91页。

135

铁背心过日子，身上的肉被箍得凸出来，就赶紧用手指把凸的那块肉挤进去，就像把裤裆开口露出来的衬衣下摆塞回去。既然孤儿将来是个公务员，并且既然公务员已经铁定了，他将穿一袭黑制服，跟像他一样穿着的先生们亲如兄弟般相处，就会有受用备至的意识。他的一生明摆着，完备的整体性，一环扣一环，周而复始。他若想知道结局，只需抬头望一眼，便看到副局长过早的迟钝或局长说教般卖弄学问。既然最终生命整体归于死亡，孩儿很不满意通过母亲的死亡看到外部世界，于是从自身死亡的角度看待自己的生命进程。他却处于自相矛盾的时刻：既制造整体，又抹煞整体。不管怎样，反正必须好好活着，就是"反正必须打发时间"。所谓时间，是纯时间，就是说没有内容的时间。这不，从来没有推云撮雾的暴风雨：他烂熟于心的诗句反复默诵，一些太过熟悉的本质不断翻新，但从本质过渡到实在，本质被充实的程度微乎其微，以至人们搞不清楚是静观本质抑或体验本质。① 实在的片刻始终虚空，始终雷同，乏味得

① 萨特论本质与客体的关系时指出："本质不在客体内，而在客体的意义中。"

很，这就是"无聊"。孩子彬彬有礼地倾听冗长的叙述，哪怕人们向他重复一百遍，他说不清是否记得这些太过陈旧的话语，抑或是否听得进去，反正他强忍打呵欠，礼貌地装作对跌宕起伏的过程感兴趣。十岁时，这个小亡灵身上隐藏着神秘的老年期和一个世纪的经验。

这个孩子的另一面却想造反，尽管他已经把造反的手段消除了。母亲不在世，给整体挖了一个虚空的洞穴，她也怨天尤人哪，毫无例外地、无可挽回地对一切不满，这种判决的结果互相妨碍，同时让她发现个人命运的荒诞多么弱不禁风，从而打消她对自己命运的怒气：对一个特殊情况未免太重视，总不至于刻意改变而不及其余吧。这个孤儿上了圈套：只不过就是对一个亡灵的崇拜呀，她的母亲成了他唯一大写的义务。他将从遗忘中拯救这个特殊的形象，单凭自己的绝望行将维持温存的沉默，去抵制世人的胡说八道。然而，这个暧昧的幽灵却以最不可替代的幽灵预示于世，恰似着魔的修女把自己变得骨瘦如柴后接受亲吻。于是，幽灵成了抽象的普遍概念，一旦孩子愿意凝视他。因为亡灵母亲的特殊性在现如今她的优雅和肉体被埋葬了，正是在任何时间任何地点都不可能存在了。既然必须为她作证，孩子禁止自己跟任何东西发生瓜葛，而一味实质否定任何特殊客体，即只采取普遍性的虚空形式。

故弄玄虚：孤儿伸开双臂投向难以言传的东西，投向纯粹的特殊性，只能落入负极的纯概念怀抱，从而视而不见无数麇集的具体形式，以至于任何一种形式都无法取得他的认同或拒绝。哪怕是个别的认同或拒绝，总之，哪怕对自己，他也无法揭示自身无比糟糕的生存状况，然而情不自禁为此特别感到痛苦。奇怪的痛苦，一旦他把眼光转向母亲亡灵，痛苦就变成无动于衷的放逐；奇怪的反抗，潜在和掩饰的反抗，永久不会践行的反抗，无非给自己摆摆样子吧。他无聊得要死，厌恶得要命，家庭的过去沉重地压着他，是那种"令人难以忍受的完蛋感"[1]。但，他对这种憎恶语焉不详，"欲言又止"，但已经让人觉察出无非简单揭露一下普遍性缺陷。一次次怒火隐没了事，一阵阵愤慨"闭口不谈"，一种被冰镇般的枯竭，用

[1] 引自马拉美《伊巨图尔》(1867—1870)，参见《马拉美全集》第 440 页。

他的雾凇覆盖。不敢命名的苦恼，这就是他的内心生活。时不时，人们突然发现一次短暂的冰裂，他发火了："这帮人将统统为此给我付出代价，因为我的诗将是针对他们的……让他们像患上痛风那般难受，我叫他们从天堂滚出去。"有时甚至于愤怒到极点，跟自己过不去就像跟别人斗，活像个未来的杀人犯：

人家会使你变坏，总有一天你将犯罪。

你总那么昂首挺胸，可你的头却要离你而去，

好像它预先就知道的，就在你唱一首咄咄逼人的曲子之时。

你的头颅将向你诀别，当你为我付出代价，当你为比我不如的人们付出代价。

你很可能就是为此来到人世的呀。①

凶杀和殉道，② 其实谋杀是一种自杀。后来马拉美确认此话不假：杀害（自己或他人）是唯一可能的

<hr>

① 引自马拉美《可怜的苍白小子》，参见《散文诗》，收入《马拉美全集》第274页。

② 被斩首的烈士象征，参见《圣经》中《圣约翰颂》。

行为。但一阵冷风吹过立刻把露头的仇恨冻结了。孩子抱歉道：

他们觊觎仇恨却只得到怨恨。[1]

许多的错误预警，许多的不实心悸，一身神秘的羽毛竖得笔直，然后化为乌有。感受到的愤怒变成构想的愤怒，然后成为被拒的愤怒。再后来关于灵感我们将重新找到欺骗性的圣灵出现：这个孩子不是无动于衷的，他的感受性介入了非常抽象的冒险，以至具体情感的表达以及一般来说，意识的所有个别形式的表现经受着困难得不得了的考验。

仇恨倒是没有了，冷漠却日甚一日，使他思想枯竭和心肠变硬。严格地说，他冻结了。自1853年，他的外祖母戴莫兰夫人抱怨在他身上发现忘恩之年的初期迹象；1854年她写道："他的性格也不太和蔼可亲，他处在不顺利的时期。"1858年他"觉得这颗心如今如此冷漠"，"以后几乎不敢指望他了"。[2] 他的

① 引自马拉美《晦气》，收入《早期诗选》，参见《马拉美全集》第1411页。
② 引自戴莫兰夫人的信，收入《马拉美一生》。

老师们抱怨："他桀骜不驯的性格和自命不凡的个性促使他始终硬着头皮从不愿意承认自己有错。"①1860年戴莫兰夫人还伤心地写道："我很遗憾，他弄得外祖父好累好累，在我们家，他一点也不快活，他的兴趣跟我们是那么不一样哟。"②"可怜的孩子也需做很多的努力才学得会交际和对人的几分友善。"③事实上，孤儿对外祖父母没有许多情感。不过，1885年他倒是写道："他备受首先扶养他的外祖母宠爱。"④ 这只不过是一种说法，言下之意：首先戴莫兰夫人"没有宠爱过他"，诚然是喜欢他的，但看不清楚他，于是成天唉声叹气，骂骂咧咧。至于他，耻于曾经对父亲的第二任妻子讲过许多刻毒的坏话，二十岁时有一天心怀歉意，简单写道："她（后妈）深受我外祖母究问式的影响，仅此而已。"⑤ 第二任妻子

①　引自戴莫兰夫人的信，收入《马拉美一生》。(1860年8月24日)。

②　同上(1860年11月18日)。

③　引自《马拉美自传》，参见《马拉美全集》第662页。

④　引自马拉美致卡扎利的信(1863年4月1日)。

⑤　彼时戴莫兰先生督促年轻的斯泰凡投身税务登记局公务员生涯。参见《马拉美的隐密》中老人与外孙之间的通信。

被第一任妻子的母亲吓得失魂落魄：短短几行字勾画出这个家庭一幅漆黑的图画。关于戴莫兰外祖父，孩子什么也没说，至少我们什么也不知道。但读一读1862年外祖父给他的信件便可窥其一斑："她们以礼相待是暗藏心机的，掩盖不住内心深处的敌意。"①晚些时候，亲爱的外祖父去世时，他给年轻的寡妇写了一封信，可视为对外祖父是有情义的。但单纯出于礼貌，故意隐藏他跟外祖父有距离或有反感，带着几分迫不得已的情感罢了。不过等外祖父下葬之后没几天给一位朋友写的信就更接近实情："我可怜的外祖父去世使我丧失了我的梦想源泉"，更晚些时候他不断想起外公丧事时自己的宣告：

> 虚幻的墙上散落丧事的纹章，
> 我鄙视一滴眼泪清醒的恐慌，
> 对我圣诗的警钟竟充耳不闻。
> 某个过客，傲慢，又瞎又哑，
> 模糊的裹尸布主义摇身蜕变成

---

① 彼时戴莫兰先生督促年轻的斯泰凡投身税务登记局公务员生涯。参见《马拉美的隐秘》中老人与外孙之间的通信。

死后等待的纯洁童贞英雄。①

　　他与戴莫兰寡妇的来往越来越稀疏，关系越来越冷淡，而老夫人仙逝时，差一点跟外孙彻底闹翻，连家族剩下的成员都将得不到"本族最后一员"②的好感：岳母是个"抠钱的讨厌天使"，"她嘴边只挂着一个令人可憎的词儿：省钱。不过，我因为总担心要啐她，这个讨厌的女人，干脆很少搭理她"。③七姑八姨们，尽是些"苦行节食的女人"④。至于他的同班同学，一个个"面目可憎"⑤。况且，除了埃斯皮纳⑥曾受到他的两首诗题献，其他同学都不在他眼里，我们找不出一个，没有一个成为他的朋友。很明显，所有的友谊都是初中时代之后建立起来的，全部

　　① 引自马拉美《葬礼祝酒》，收入《诗集》，参见《马拉美全集》第54页。
　　② 暗喻马拉美《伊巨图尔》主人公。
　　③ 引自马拉美致卡扎利的信（1862年6月4日），参见《马拉美一生》。
　　④ 同上（1863年4月1日）。
　　⑤ 引自马拉美《孤儿》，参见《马拉美全集》第1559页。
　　⑥ 引自马拉美给法国哲学家阿尔弗雷德·埃斯皮纳（1844—1922）的题献：《贝皮塔与忧伤》，收入《马拉美全集》第1384页。

发源于对诗歌的共同爱好。至于他周围的资产阶级社会，不妨依据这个社会引起他产生的情感这一简单的事实就可作出判断：这天是 1863 年 12 月 6 日，他到达图尔农，不到一星期他便给阿尔贝·科利翁写信："这里，我谁也不想认识。我被放逐的这个黑村居民与猪过于亲密接触，人与猪生活在一起，我见了他们便恶心。猪是这里的家庭之灵……"住这么短时间，运用这等言辞来判断一整个集体，此判断必然是先入为主之见。事实上，我们在他的通信中读到资产者"丑恶"，"没有灵魂"。[1] 那么他至少对工人有好一点的看法吧？否，孩子不关心社会和政治问题："我不喜欢工人，他们虚荣心很重。"只落得下列结论："塑造米罗的维纳斯[2]难道不比拯救一国人民更伟大吗？"其实他只爱她姐姐玛丽娅，因为她跟他同一个母亲所生，在他十六岁上去世了。说真的，我根本不相信这起死亡，在未来的诗人生活中，是颠覆性的，他肯定痛苦悲伤，不言而喻。蒙多尔发表"致他姐

---

① 引自马拉美致卡扎利的信(1863 年 7 月 24 日)。

② 系指巴黎卢浮宫珍藏的维纳斯雕像，米罗是希腊爱琴岛上一个地名。维纳斯是罗马神话中爱与美的女神。

的信"①。沉着冷静而装腔作势。他乘自己初领圣体的机会给姐写的信简直令人气愤，在虔诚的啰唆中有些东西使人想起戴莫兰外祖母的风格：

"亲爱的小姐姐：

"我怎么能够让如此美好的日子打发过去而不给你写几句话呢？我自己支配的时间少得可怜，但在如此这般情形下我不该挤出时间吗？我兴高采烈地获悉你表现很好，该获得一枚懂事奖章。这是你为自己一生的行为做好准备的标志。这使我想起自己有过跟你一样幸运的日子。为了不至于在你非常愉快的时刻让任何一星半点忧伤来打扰，我尽可能获准早上七点半出门跟小妈妈一起去与你相会。我尽了最大努力给你找一个好位置，终于找到了……"

这种太过感化人的说教听起来很虚假：他玩弄大哥的角色来取乐。难道不是他后来沉着冷静地、含讥带讽地撰写致玛丽·吉哈德的情书吗？难道不是这一

① 即《马拉美的隐秘》，参见前注。

代诗人自我吹嘘写什么"非常冷漠的激情诗"① 吗？

然而，姐姐的丧事最终让他独行其是：他从中发现一部神圣的悲剧重新开始，即是他母亲死亡的重复。这种灵肉分离的奥秘，神话和礼仪的结合，好像创建一种曲解了的基督教：并不是耶稣世界末日归来重建上帝的王国，而是"外无"导致目的和希望的产生，"处于开天辟地的"，并不是逻各斯（上帝与宇宙之间的媒介），而是"实在"的污秽滥竽充数，庸俗化；既非创世，也非从圣言至尘世的传递，尽管人们津津乐道，而是相反，现实越来越渺茫地传及圣言。在深藏的汩汩水声中，一个生灵为所有其他生灵牺牲了，它的"肉体外在"融化成一张嘴中仅存的残留，话语，充满"外无"的圣餐饼，"含苞待放的神奇睡莲，以水波粼粼的白色笼罩一片虚空"②。由父母奉献给修会的儿童以其一劳永逸拒绝在任何地方存在证实一个最纯洁的大生灵在有条不紊的湮没中闪闪发光。但这个大生灵只是其自身的否定，他的完美

① 引自魏尔兰《农神体诗》(一种拉丁文古诗) 跋 Ⅲ。

② 引自马拉美《白睡莲》，收入《散文诗》，参见《马拉美全集》第 286 页。

本身，即曲解的本体论标志，意味着他的不存在。这个实有起因于自身，但就其含义而言，因为根本不可能存在而自禁存在。一言以蔽之，他存在只是为了否定自身存在，以同样方式，例如我们把一个生灵归于虚空或虚无，只需给他们命个名儿。这个固定而黯淡的闪烁，就是"实有"的"实无"经过"实无"的"实有"以便成为"虚无"的"实无"。

基督教，作为家庭的宗教，久已庇护这种粗俗而考究的摩尼教二元论，其中神秘学说的游戏嫁接于人类牺牲之上。但母亲的第二次死亡①使他滑出善恶二元论。其实孩子从未有过很深的信仰：人家向他提供"别处"的一个"外在"，而他却只满足于天下的"外无"。从事新崇拜的年轻教士并不诉诸上帝，他把自己的祷告留给一位伟大的仙女，其形象则是一个女人除做爱之外能把一切献给一个男人，即恪守贞节的白种仙女，即把母亲和姐姐混淆在同一"外无"之中。波德莱尔说过，为表现大自然和大生命，在这个尘世上，人们只迁就狗、后妈，那个在发情、急切

~~~~~~~~~~

① 暗喻：母亲去世后，姐姐待他如母亲，却随后也死亡。

交配的女人。① 马拉美其时尚未读过波德莱尔的私人日记，也不知道那句有名的叫喊："女人是天然的，故而难养。"这位青年教师却于1867年写道："可恶且庸俗的女人'最操心的事'无非是妇女状况的卑劣，总那么被动消极，病病恹恹的……还有她的'月经'。"②

此后孩子回归自身了。一次时运不佳激怒了他，决心自己重掌局面。至此他一直痛苦地、神秘地喜爱不存在的东西，喜爱不可能存在的东西：一次失足就把最单纯、最自然的"儿童情爱"变成残酷而永久的虚空感。他否认尘世，在自己内心建立"外无"（不在场），并与之身份认同。他"已经被否认了"，现如今，他使自己成为否认者。虽然反抗是毫无用处的，不可想象的，无法实施的，但可以拒绝呀：彬彬有礼地拒绝、冠冕堂皇地拒绝，带着一种装作风雅的诙谐加以拒绝，反正拒绝一切。关键是毁灭。既然他并不是烈性炸药，还不至于把世界爆成粉末儿，就装

① 参见波德莱尔《赤裸裸呈上我的心》。
② 引自马拉美致勒费比尔的信，参见前注。

作力不从心吧。那么这个诗人,他在何处?无处立足。抑或不妨说有立足之地,就在此地,如此专心致志地佯装他已经外无了。这种外无或对经验的全盘弃绝,并非某个遥远之地的外有。这种对实际生活的拒绝,以及不仅仅表示出来的拒绝,而在于既勾勒就幅员而论一种巨大的后退,好像小型望远镜的小头把事情看大,又让自己感到看到的东西就是那个样,可自己又不在场。这种企图显然使孩子陷入深思:他将履行刻意而为的态度,作为意识之意识;他透过窗格玻璃看世界,然后也把反省意识硬说经历过正在经历的自反意识。因此,躲进反省意识的同时,又不屑与之为伍,那我们便可以说,闪烁的混沌尘世不是我们所经历的。但,恰恰这个立场是不可或缺的,因为孩子牵连进去了,并自暴自弃。

可以想见孩子不肯容忍自己。他在自己身上突然发现小资产阶级的坏德行,心知肚明是被别人一劳永逸地安置的,并一劳永逸地被沾染上秩序、刻苦、节省、内向生活的心境以及不贪欲、爱自尊的情怀。他之所以刻意回归自身,躲避令人窒息的家庭气氛,是为了找回用家事记忆和活动资产所构成的整个家庭。

有时他以为突然在自己身上发现还有抽象的擦肩而过，预感另一个家人觉醒，赶紧瞥一眼镜子，他看到什么？一幅家人肖像。这个孩子内心深处并不想置身于普遍的责难之外。前人的目光，曾经是"他的全部加冕"[1]，如今母亲的眼睛泯没了，他还剩下什么呢？一个全凭个人经验和不敬鬼神的大我，就是说实质上是父亲的大我。

总之，他母亲使他摆脱了绝对的大真理，免除他经受重新繁衍其父这等可怕的必然性。于是，孩子失去大真实性，至于还没有让自己被家族的初疮侵蚀：他不是也永远不会是"强盗"[2]，因为那样的强盗受尽折磨，用自己的内心法则对抗尘世的潮流：在把现实放进圆括弧之前，他自己已作茧自缚了。

由此看来，他把自己塑造成为一个自省的人物，却只不过是对他这个全凭个人经验的人物的抽象

---

[1] 引自马拉美《被惩罚的小丑》，收入《诗集》，参见《马拉美全集》第 31 页。

[2] 暗指席勒剧本《强盗》中的主人公卡尔：他因弟弟弗兰茨的离间，不容于家庭而沦为强盗。作者歌颂卡尔正直豪侠，塑造了一个莎士比亚风格的人物。

否定。

但并不完全如此。

还有怨恨。还有父亲。

在他身上再现的这个家庭压抑着他，使他心里充满"难以忍受的完蛋感"[1]。他无聊得要死，厌恶得要命[2]："我忍受的苦楚是可怕的，活得好苦哇。"[3]但这种本能的情感不是为自己装出来的，也没有名分。[4]一种冰冻的枯竭，然后是说不出口的下三烂，有关他父亲和家庭的。

尤其因为父亲再婚。唉！尽管不是迫不及待的，一直拖到1852年，即他妻子死后五年左右。不管怎样，父亲过着平静的日子，寄希望于跟孩子共处在区分尘世与女亡灵的善恶二元论氛围中。然而，孩子却自有主张，不可动摇地拒绝把实有与实无对立起来。他变得不透明，心血来潮，肉欲膨胀，他选择了荒诞的富有表达力和作恶多端。"我不快乐，但我生活在

---

①②③④　这些话与上文有些地方完全重复，下文也还有一些重复之处，是因为萨特在不同时期写下的文字，大多遗失。编者根据留存的手稿或已发表的片段重新编排而成。

美中"①，孩子后来写道。彼时，他借鉴波德莱尔，把嗜欲抽象化、把浸透消极性的乐事抽象化，好像隔离尘世的窗格玻璃上用金刚钻划的一道细微裂痕。但父亲选择了享乐，一头栽进实在的野猪巢，从而永远得不到原谅。更可耻到极点的是，他让新婚妻子生下一个孩子。这个不速之客小女儿将得不到很好的接待。诗人的外祖母并不掩饰其失望。对他的小妹妹玛丽娅，那就更不含糊，他写道："这个小姑娘，她不是我的妹妹，是我小妈的女儿，而我的小妈对我来说什么也不是。"② 登记局未来的候补局长只字不提她，但外祖母承认不得不 "敦促他喜欢新生女孩，因为小姑娘迟迟引起不了他的好感"③。然而，好像外祖母并没有达到目的，从 1852 年至 1898 年，诗人似乎连一次也没提起过同父异母的妹妹存在。④ 马拉美在诗中表述比较自由自在，因为首先出现奇特的 "模

---

① 引自马拉美《文学交响乐》，收入《青春散文》，参见《马拉美全集》第 262 页。
②③ 引自马拉美外祖母戴莫兰夫人给一位亲戚的信（1852 年 11 月 2 日），参见《马拉美一生》。
④ 确实在马拉美通信全集中从未提及。

糊回忆"。这是他在 23 岁时指出的，那时他已经结婚，第一次见诸他的文本标题：《孤儿》①。孤儿就是他：以第一人称说话，然而相当奇怪，他竟自称是失去父母的孤儿。一个江湖小丑向他问话：

"你的双亲在哪里？"——"我没有双亲"，我对他说。

"哎！你没有双亲，我倒有一个。要知道有个父亲是很有趣的，成天嘻嘻哈哈，甚至有一天晚上，有人把我的小弟弟推倒，却被一家之主扇耳光，用脚踢，净做鬼脸。亲爱的……爸爸，我觉得他很好玩……双亲是很滑稽的，净逗乐我们……"②

在这首散文诗中，主题相当混乱，很可能诗人既是叙述者又是江湖小丑，因为在第二文本中前者把后

① 《孤儿》是《模糊回忆》的第一文本（参见《马拉美全集》第1559 和 278 页）。所谓模糊回忆，是指不自觉地受遥远回忆的影响，错以为是自己的创作。

② 引自马拉美《孤儿》，系指《模糊回忆》第一文本，参见《马拉美全集》第 1559 和 278 页。下文中谈及第二文本，也可在《全集》中找出处。

者说成是"太过动摇不定的小鬼，难以在他那一族立足"，以至既是孤儿又有双亲。况且这样的双亲很可能象征"流浪者"或"江湖骗子"，是自波德莱尔以来，诗人们偏爱的主题：视他们为自己的亲兄弟。蒙多尔心同此理，有关这个问题，他提醒注意《被惩罚的小丑》和《晦气》。然而不管沧海桑田，这位可笑的父亲见到自己的儿子被人扇耳光，却在一旁做鬼脸；见自己的儿子死了，甚至全身扭动个不停。这也很明显，是直指诗人的父亲。有望加以证实的，正是第二文本让人发现有趣的修正：马拉美不再讲"死去的小弟"，或许也为了避免公式化，或许为了避免使人想起阿纳托尔的夭折①，但尤其为了不至于太冲击父亲，随着事过境迁，和解也就水到渠成。反正孩子痛恨父亲到了极点，以至因出于他的亲生而愤愤不平。毫无疑问，应当理解的是这里所指的女人不是诗人的母亲，而是他的后妈。重点在于父亲随随便便弄出个孩子，他要对孩子的出生负责。因为斯泰凡亲生母亲的死亡毫不掩饰地暴露他模糊而自然的存在，而

① 阿纳托尔是马拉美亲生儿子，八岁夭折(1819)，诗人很少直接提及。

父亲再婚之时，就显示不配再当父亲之日，以资证明在儿子身上只存"血肉关系"，以此维系与尘世和实在的关系，这却都是父亲一手造成的。换言之，与父亲的关系否定了与母亲的关系，否定了善恶二元论的纯粹性，即为肉欲之过。

与通常发生的情形相反，对孩子而言，不是被死亡纯粹化了的母亲代表可怕而模糊的自然性，而是男性生殖能力，即雄性气味、多毛肉体、男性生殖器。另一方面，母亲死亡在他身上产生了纯粹性。因此，孩子得以在自己身上区分两种本原。这也是他的疯狂想象，自以为是从母亲那里继承的。从《伊巨图尔》的预示来看，他的诗才天赋第一次显示好像恰好涉及他的母亲。然而，母亲禁止他以死亡的榜样像走下螺旋形楼梯那样沉沦。与之相反，肉体来自于父亲。这个主题，我们很快以大诉求的形式重新遇到，例如《驼背丑角》①：

驼背丑角夹着两个大包：鸡胸和驼背

① 马拉美为马奈的一幅石版画题献一首四行诗，名为《驼背丑角》(1874)，体现双重祈求的主题。收入《马拉美全集》第161页。

跳起舞来鸡胸包朝大地，驼背包向九霄。

灵魂恰巧受到双重欲望的激励鼓噪，

瞧他既始终向下沉又总是向上跷。

又如波德莱尔式的诉求："任何人身上，任何时候，都同时具有两种诉求，一种趋向上帝，另一种趋向撒旦。祈求上帝，或灵魂，是向上攀升的欲望；撒旦的诉求，或兽性，是向下沉沦的欢乐。"① 还几乎以性行为的形式出现：

我确信两张嘴都不吸，

既不吸她的情人也不吸我的母亲，

从来不沾同类离奇怪物，

我，冰冷苍穹空气中的精灵。②

再如科比埃尔的诗中也有双重祈求，比如他在《叛徒》中写道：

他一切畜生都杀，一概饱以老拳……

---

① 引自波德莱尔《赤裸裸呈上我的心》。
② 引自马拉美《从臀部和弹跳中涌现》，收入《马拉美全集》第74页。

经过反复清除的种种厌恶变得纯洁了。①

我们发现"她的情人"意指父亲被拒绝了。他甚至不是我的父亲，他什么也不是，只是她的情人。一言以蔽之，父亲代表出生，母亲代表死亡。

诗人非常肯定在自己身上滋生一种反男性生殖力。

他非常肯定，晚些时候还产生观淫癖性欲和口交性行为。他很想看到女人们之间性交，或扮形女人和女人们搞在一起，或别人把他看作女人，正如他在《青春女神》中写道：

> 公主哇！忌妒一个青春女神的命运吧，
>
> 她显露在你们双唇接吻的这口杯上，
>
> 我耗尽我的灯火却只有神甫隐性的名分。②

并非要与母亲身份认同，这是荒诞的认同，因为他太尊重母亲了，他是自己母亲在世上的见证人，丧

① 引自科比埃尔《叛徒》，收入《青春情人们》。

② 引自马拉美《微不足道的声诉书》，收入《诗集》，参见《马拉美全集》第 30 页。

葬的纪念碑，但他的欲望是受之其母为了其母的实有，而并非实有其母，却对犯渎圣罪的父亲怀恨在心。成为女性实体，就是说本质上被一个人物否定了他的实在。因为恰恰他在自己身上重新找到自己的父亲，不管怎么说，父亲作为传种者，作为命运，但也作为个别本质、遗传者，等等。

怎么办？承受。孩子本能的设想是大爱不实在的东西，大爱不可能实在的东西，维系确切的权利，最终意味着或多或少有意识地否定一切实在的东西。孩子一心寻找一个母亲，这样，大实在就落到一旁，清醒时便觉得沉溺于大实在中，浑身污秽不堪，从而把这个结果置于本原之列。他舍弃了。

我想笔录一些意见，这些有关母亲和出生的见解是具有时代性的。家庭题材在那个时代必需作为诗歌的基础，因为新型夫妇的资产阶级家庭关系很紧密，自行抱团，不知道或不想知道这样的家庭将崩溃，共产主义、法西斯主义或美国资本主义将其碎片化，根本无法抵抗社会，因为它不再是社会的建设性要素。

相反，尽管那个时代有布尔热①、勒普拉②一再强调家庭是社会细胞等，作家必然是家中的庸碌之辈，就像在过去那些时代必是城邦的庸俗无为之徒（坦丁语），抑或其所在阶级一事无成之徒。总之，马拉美见证了不可能自行完成的整体化，在他身上家族有所寄托，但无法让他翻倒飞筋斗——做不到。那么诗人必然感到矛盾重重，夹在贵族家庭过时附庸风雅与新现实之间的矛盾之中。当纪德抛出，"家族哇，我恨你们"③。战斗已一劳永逸失败了。不妨举三位诗人为例，他们是谁？爱伦·坡：不堪回首的童年生活，他的母亲④；波德莱尔：父亲去世，母亲改嫁。现在这位青年教师：母亲去世，父亲再婚。并非偶然。给我听好啦。我没说这足以也没说这必然导致生于1880年的诗人的家庭失败。我只是说通过这三个人表露的家庭失败所形成的象征说明，他们的悲剧具有

① 保尔·布尔热（1852—1935），法国作家、文学评论家。
② 勒普拉（1806—1882），法国社会学家，"父道主义"经济理论奠基人。
③ 引自纪德《地粮》（又译《人间食粮》）（1897）。
④ 爱伦·坡，孤儿，三岁被贫困的演员父母抛弃，送人领养。成年后与养父闹翻。

社会意义，因为这种悲剧在别处大概不可能发生。旧制度的家庭是禁止这类改嫁再婚的，而时至今日再婚依然盛行天下。但有其他的含义：这三位诗人在他们整个时代，是儿子呀，就是说他们身心深处是由对他们先前实在性的认识所决定的。真是一段历史的奇怪产品，但这段历史突然暴露其辉煌和粗俗而突然变得黯然失色了。

孩子的种种后退和远离导致产生某种空间，"向后撤"，就像哑剧演员逃离时开辟一条通道于幕后消失。这种后撤不断延伸，最后聚焦到尘世之外一个点上，人们称之为绝对。而绝对的存在奠定拒绝权，而人们并不关心别样的认定，抑或时不时试图接触一下，也只不过发现一些负面的特征："冷如冰川"，金属的不育性、百合花的清白等，不一而足。这是"一个荒漠之地……变成像距离一模一样，把它的静观者与它分开得远远……大无之地……大纯粹等于大无效"①。

① 引自乔治·布莱(生卒不详)《马拉美的空间和时间》第222—225页，拉巴科尼埃尔出版社，瑞士洛桑。

这种立场站不住脚，是抛开"我思故我在"的一种"预先置疑法"。① 不过，通过被滥用的否定预先使一切种类的目的失去信誉，从而剥夺了对柳暗花明的一切希望。唯一的出路：孩子只有成功地"重新创造自己"才能逃避出生的厄运，一件属于他的作品方可出世，使他能够由自己做主"从自己的肚子而非别人的肚子下仔"②。人们经常说，在他，诗歌和出身不可分离地联系在一起。如今人们表达这层意思常用平庸而强烈的说法，"self-made man"（自力更生的人，或靠自己努力而成功的人）抑或"自己作品的儿子"。精神分析学家会说，诗人之所以如此，是因为他母亲的去世彻底阻碍他认同父亲身份。恭顺的儿子是最可怕的仇父者：他拒绝生命的天赋，决意成为自身的父亲，以便更可靠地把他父亲推进大虚无。他之所以祈求词语而非祈求声音或色彩获得救

① "我思故我在"是笛卡儿的根本哲学公式，而"预先质疑法"则是笛卡儿的研究方法之一，即通过质疑来寻求明确的结论。

② 引自马拉美《一条花边被取消》，收入《诗集》，参见《马拉美全集》第74页。

助，是因为猜出隐秘的两重性①。什么叫命名？毁灭或创造？"亚当自任众兽之王所采取的第一个行动是给众兽强加名称，就是说把它们当作存在物消灭在社会存在之中"（黑格尔语）。最理想的是，言语派得上这样或那样的用场：人们可以通过词语一下子毁灭世界和创造世界。同时，绝对，处在上天冷宫中，接到一个原始的决定：孩子以诗的名义拒绝制造生命，即他必须从自己的作品诞生他自己。在他，绝对即为大我，纯粹得像单纯的可决定性，像否定全凭个人经验的主观性。布莱写道："从一开始，马拉美的诗就以海市蜃楼的风貌出现……因为，如此定位和隔着距离静观的对象，这样的东西和难以确定的地点，既非客体也非外部世界。这正是静观者本人。幻景中人们发觉自己，不是本人模样，也不是本人所在之处。但要的是恰恰不是本人模样和本人所在之处。"② 一言以蔽之，孩子梦想入诗，就像加入某个秘密社团，其

① 西蒙娜·德·波伏瓦说："人不应当设法消除自身的两重性，相反应该主动予以实现。"
② 引自布莱《马拉美的空间和时间》第222—225页，参见前注。

接纳仪式包含宰杀生物以求复活。"我虽死，但求重生。"① 诗人与萨满②如出一辙。他的"义务"，是他的来生从未来深处向他强加的，正是"重新创造一切以便显示他正好处于应处的地方"。

"重新创造一切！"可这个年轻的野心家，我们再次发现他彼时处在图尔农，"愚钝的"，"衰惫的"，"无成果的"。③ 但不管怎么说，他成功地拧松一点儿自己的命运螺母：如果说他没能避免当公务员，至少他逃脱了登记局，与税务无关了。尽管如此，他依然抱怨自己成了"二十三岁的老头儿"，这才写下："要写诗，我完了。"④ 不过，他依然急切地写下去，但写什么？有时他侧耳倾听一首陌生的歌：这意味着一句诗即将诞生却还不十分清晰地区分得开呵，诗句出现了，他心急火燎地笔录下来：仔细一看，原来是对邦维尔或戈蒂诗句的模糊回忆。他再一次被大未来

① 引自马拉美《窗户》，收入《诗集》，参见《马拉美全集》第33页。
② 萨满意为西伯利亚和中亚原始部落里的巫师和通灵者。
③ 引自马拉美致卡扎利的信（1865年3月），参见《马拉美一生》。
④ 同上。

的海市蜃楼迷惑了：他满以为看到能在未来闪烁的诗句，却是从别人的过去慢慢重新显现。他重读自己的诗，弃如敝屣，于是灰心丧气了，感到什么也不属于他的："碧空老天的金黄泛滥"① 以及《显圣》中的"双手未捏紧"②，这两句应当归还雨果，还有"晦气"这个词儿和节奏应当归还戈蒂埃，至于"晦气"这个用词和作为诗的主题以及"头发"、"碧蓝"、"眼睛"、"洁白"、大无限、虚无等专题应当归还波德莱尔，后期的《牧神的午后》，其寓意应当归还邦维尔，而我以为有损于《埃罗提亚德》的某些浮华应当归咎于巴那斯派本身。我们现在知晓他的毛病名称了：大无能。病态的情绪纷乱？缺乏想象力？太高的苛求？病者本人并不知情，他犹豫不决，有时把无能称为《现代的缪斯》③，有时则只愿意看作少年阴茎异常勃起的灾难性后果。这颗自省的内心，既全盘介入

---

① 引自马拉美《花》，收入《诗集》，参见《马拉美全集》第 33 页，与雨果《历代传说》中一句诗接近。

② 参见《马拉美全集》，第 30 页。与雨果诗句雷同："你的双手未捏紧。"

③ 引自马拉美《文学交响乐》，收入《青春散文》，参见《马拉美全集》第 261 页。

经历自己的思想又思考自己的生命，即否定自己的生命，那么怎么区分其内心决定的东西和承受的东西呢？有时自怨自艾，怨艾自己"纯粹被动，今天像女人，明天或许像畜生"①，但肯定"体验到"一种自身本质的命定性，即自身隐蔽的意志是在消耗于疯狂的否定中产生的。事实上，他没有任何东西可讲的，既然预先禁止"一切活动"。要他歌颂什么？歌颂他惧怕和蔑视的爱情？既然他根本感受不到爱情，不是吗？肉体享乐，大写的犯罪，民众大运动或家庭生活？所有这一切对他根本不重要。马拉美的通信是最缺乏趣闻轶事或政治论述的。那么上帝呢？他几乎不再相信上帝。与他同时代的巴那斯派企图通过抄袭老皇历走出这条死胡同。但这位青年教师不屑使用这一太粗俗的手段：大历史，恰似大自然和心灵激情，只不过是集意外事故之大成。至于灵感，他确实全心全意求之若渴，但也一心一意拒之不及。谁知道灵感从什么泥潭喷发出来呢？从他嘴里说出哪些先辈呢？没有呀，他的大理念"偏重于偶然性，在其本原中

① 引自马拉美《文学交响乐》，收入《青春散文》，参见《马拉美全集》第261页。

汲取灵感，喷溅而出"①。此后人们将不会惊异他的头脑充斥他人作品潜移默化的嗡嗡作响：既然艺术作品应当有自身的源泉，那么为了从玷污诗歌这一现实升华所采取并非不纯的方法，依然是自己让他人作品引导。况且，那个时代，到处显露疲惫不堪，没有任何迹象预示新的黎明，文化倾向于越来越自省，人们不再思考事物，而思考已经死亡的思想。

"先验性文学"，纪德点破时毫不宽容。② 是的，不过只点到某个程度为止，抑或更恰当地说直至某个日期。确实，人们经常把这种态度与康德形式主义③进行对照。果不其然，可以有趣地用康德的话语把诗人马拉美的疑问翻译成："有没有纯诗的大道理？"抑或"在任何条件下有可能产生一首纯粹的大诗吗？"有人老想把游戏玩下去，满可以替他回答："一首纯粹的大诗将拒绝一切全凭个人

① 引自马拉美《一个主题的变奏》，收入《马拉美全集》第355页。
② 引自纪德《斯泰凡·马拉美》(1898)，收入《由头》专刊。法国水星出版社出版，1913年。
③ 康德形式主义是把人的一切感受都归于时间和空间的范畴。

经验的时机协助，但必将产生于自身纯粹的复现表象就像纯粹的道义行为被法规的单纯描述所定位：大写的诗要求诗的意志自由。我称诗中的纯意志或自主性，是指谋求普世的、绝对的诗学意志。"总之，法则规定尊重。大理想的需求同样应当把失望和赞赏混合孕育于诗人的感觉，这种混合反过来激起一种企图心去实现大写的诗。不过，在康德著作中，精神法则是存在的，尽管纯形式的，但富有理论内涵，规定某些行为，排除另一些行为。在马拉美的诗中，大理想，人们称之为碧空或绝对，这就是纯空，把弃绝单纯客观化。这个完全不可企及的"空"无疑决定着诗人心中的纯情。但这种情感，即大写的否的反射，却是赤裸裸意识到一种虚空。这种虚空原则上使我的印象和经验失效，并质疑我的经验一切直接已知教育权得以歌颂。总之一句话，这种现实应当受到双重体验：一方面是波德莱尔式的不满足，被小资产者的清教主义转换成伦理要求；另一方面是大写的无能为力，比如彻底蔑视他人，蔑视尘世，蔑视自我。青年公务员的沉思再次与彼时傲慢的赌气相结合。其间，维利耶写道：

他善于在自己豁达的轻蔑表示中生存和死亡。①

苏拉里也写道:

我的心在悔恨中自行用防腐香料保存。②

后来，"不满足"以更为奇特的面目出现，即以阴影和饥馑的深邃面目出现，以循循善诱和避而不谈本真的面目出现。但说到底，大写的诗永远是一项"义务"，即使将停止在虚空上战战兢兢。那将是"这个天体的花园给我们承担着理想的义务"③ 一项"重新创造一切的义务"④。诗人的"绝对命令"（康德语）是通过诗作强迫自己为自己创造一个纯我。然而，不要以为诗人会满足于这项严格而抽象的权责，因为他从未否认灵感是不可或缺的，他要的是绝对的灵感，仅此而已。最好是凭借爱心去完成如今所需求

① 引自维利埃·德·利尔-亚当《初期诗选集》(1859)。
② 转引自蒙多尔《马拉美一生》第156页。
③ 引自马拉美《葬礼祝酒》，收入《诗集》，参见《马拉美全集》第55页。
④ 引自马拉美《论维利埃·德·利尔-亚当》，参见《马拉美全集》第481页。

的严格形式，抑或不妨重拾我们的游戏①，即把"在此尘世"的诚意，变成圣意。

不过从现在起，英语教师表现出回归自我一种非常特殊的资质：既然他才思枯竭的缘由是他的死不妥协，至少可以肯定他不是"见风使舵的"。故而求索的主题是，在反射的目光下，大否变成大是。他无能为力歌颂，干脆歌颂无能为力："我终于摆脱了力不从心，我的第一首十四行诗就是用于描绘力不从心的。"② 在《碧空》《晦气》《被惩罚的小丑》《敲钟人》等，他依然描绘无能为力。他怎么解脱呢？他刚上手的新诗篇《埃罗提亚德》（1871）看上去与先前的诗篇差别不大呀。然而，他投入写作时抱着执拗而单纯的愿望："我平生第一次刻意成功。假如我被弄得萎靡不振，我就永远不再碰我的笔了。"这个郑重其事的警告使人以为一场危机在酝酿之中。这就需要走出死胡同了：他总不能一辈子用各种声调重复没有任何东西可写吧。但，意愿之所以倾向于哀婉动人，因为灵

① 游戏在于用康德的语汇把马拉美的诉求表达出来。
② 引自马拉美致卡扎利的信（1862），转引自《马拉美一生》。

感硬不肯降临冥顽不灵的人。然而诗人已经放弃出头露面，这次问题严重，或事关悲剧：隐约的巴那斯派悲剧。一位公主出场：

我们拿定主意了：在华丽俗气的旧衣下，依然是大否定崭露头角，伴随着大无能，即原本的结果。一个声音升起：

> 我喜欢身为处女的恐惧……

谁在说话？是年轻女子吗？抑或大写的诗"取代爱情，因为爱的就是自身"[1] 吗？抑或大构思"从自身本原汲取之后喷薄而出"[2]吗？原地打转，莫衷一是。于是诗人暂时搁置其著作："我把《埃罗提亚德》搁置了几个难熬的冬天：这部孤僻的著作早就使我创意枯竭。"[3]应得的回馈：创意贫乏是他唯一的主题，即反馈自身，使他创意枯竭。他只用了两个月就把《牧神的午后》幕间插剧写成韵文。这种突如其来的顺畅根本不会让我们惊异：他对自己的要求降低了一个档次，因为《埃罗提亚德》未完成给他提供了

---

[1][2][3] 分别引自马拉美致卡扎利的信（1867 年 5 月 14 日；1865年 6 月；1866 年 7 月），全部转引自蒙多尔《马拉美一生》。

托辞。不过下个冬天他必须回到自己的写字台，像"绝望的怪人"，重新读一遍：一切从头开始。他向《埃罗提亚德》照了照自己，颇为洋洋得意："我不知不觉把自己心身全部投了进去，从而感觉很不自在。"① 他看见什么啦？恰恰什么也没看见。他的先验论最终损坏了自由发挥的判断能力。

　　一种思想，不管怎么说，或针对普遍概念，或没准发现一个永恒真理，是一个心灵事件，历史的、独特的事件，其动机应当在我们偶然的实在中找得到。诗人拒绝这种实在的同时，把他的精神转换为"纯粹的能力倾向""我现在不具人格，不再是你所认识的斯泰凡，而是精神世界所具有的一种能力倾向，能想象自己和发展自我，通过曾经是我的东西……"② 为了把这种能力倾向现实化。他必须赶紧召唤其肉体外在，或让这种纯粹抽象片刻显现具体现实的景象："我还……需要对着这面镜子照一照自己，以便思考……如果'纯粹抽象'不在我正在写这封信的书

① 分别引自马拉美致卡扎利的信(1867年5月14日；1865年6月；1866年7月)，全部转引自蒙多尔《马拉美一生》。
② 引自马拉美致卡扎利的信(1867年5月14日)。

桌面前，我没准重新成为虚无了。"① 在此期间，他作为公务员，其担当并未受损，依旧漫不经心地干着他的公务。既然使受损毁的裁决涉及他的活动整体，人们便听任他做自己喜欢的事情，对此无动于衷，甚至轻蔑以对。他能做什么呢？他必将遵循公务员的道德品行，接受大家的风俗，何况他更加不在乎自己的事儿了。由于他从事一项礼节性的职业，由于他在一切方面都取决于舆论，他向因循守旧的人们显示资产阶级德行的温和形象。戴莫兰外祖父母的高贵统治着这颗被抛弃的心灵。当然，这是个"临时性的训诫"。但人们时不时发现某个使人担忧的细节，抑或某个过快消逝的事端，暧昧的、可疑的事端。搞得清楚马拉美跟勒费比尔闹翻的完整故事吗？他可是把勒费比尔称为"他的启蒙者"和"他的兄弟"哟！好像因为勒费比尔带着一个与之有非法私情的女人一起拜访他。我们这位登记局副局长的儿子作出戴莫兰反应：判断他的妻子受到冒犯，立即与勒费比尔断绝十

① 分别引自马拉美致卡扎利的信(1867 年 5 月 14 日；1865 年 6 月；1866 年 7 月；1867 年 5 月 14 日)，全部转引自蒙多尔《马拉美一生》。

年之久的友谊，尽管他自己的妻子先是情妇，结婚后又公开被欺骗。

如此看来，我们不禁要问诗人马拉美主张彻底虚无主义是否恰恰成为托辞，允许教师马拉美毫无悔恨地接纳各种因循守旧。否，抑或只是闪电式的因循守旧吧。反正他很痛苦。他的现存选择的唯一证据，则是他的学生们挂在他斗篷上的纸人：如果他的墨守成规不像是可疑的，难道人们跟他起哄吗？不管怎么说，眼下，他解体了。从他过去的实在，两大互为否定的虚无则继续存在。第一个以大真理的名义否认第二个虚无，责难虚无"梦想媒介成不了实在"[①]，而第二个虚无则以大价值的名义否决第一个虚无，并称媒介为"乌有是大真理"[②]。马拉美以其生命所剩余的一切，忧郁地羡慕"世间拥有物质上和精神上没有被解体的幸福"[③]。卡扎利，笔名让·拉奥，发现他的恋人眼睛一汪月光，恨不得"溺死其间"，以便

[①②]　引自马拉美致卡扎利的信（1866 年 4 月），参见《马拉美一生》。

[③]　引自马拉美致卡扎利的信（1867 年 5 月 17 日），参见《马拉美一生》。

逃避不幸的生活：

> 你心中睡着一汪月光，
>
> 一汪夏天的温柔月光，
>
> 为了远离不幸的生活
>
> 我硬让自己掉入你的亮光。①

这并不妨碍他某一天以为开始发迹时宣告："梦与诗是两种酒，久而久之疲态了，那我少喝一点并不坏嘛。"② 勒费比尔则自我描绘如下："我是徘徊的忧伤，游荡世间的被动精灵，春天里被流放异地他乡，秋天里却又觉得回到家乡。"③ 自然还有维利埃："我们想要的质量不再允许我们拥有地球……你说，地球？……正是地球成了大幻想。"④ 当然喽，他们都是逝者。看他们吵架真是妙不可言，一个比一个更像

---

① 引自让·拉奥《悲伤的歌》，参见《幻灭》（1875—1893），阿尔丰斯·勒梅尔出版社，巴黎。

② 卡扎利致马拉美的信，参见《马拉美一生》。

③ 勒费比尔致马拉美的信（1865年2月16日），参见《欧仁·勒费比尔》。

④ 引自维利埃·德·利尔-亚当《阿克萨尔》，参见《马拉美全集》第505页。

故人："咱俩谁更像已故的？肯定是我嘛。"① 这些年轻人与其怪罪社会，宁肯抱怨存在；他们觉得摧毁宇宙比触动既成秩序风险更小；作为流行的唯科学主义受害者，他们为大科学而抛弃大真，为大美寻求一片新天地。他们个个为抱憾消失的大贵旧族而纠结，他们蔑视资产阶级，是以旧制度的名义而为之。他们之所以费尽心思把自己当作故人，正因为觉得"生不逢时"，仅此而已。

因此，诗人马拉美在《埃罗提亚德》中对照自己，觉得自己的作品就是"自己丑恶的露体"：

> 呵，多么可怕！傍晚在朴素的喷水池里，
> 我从散乱的梦中亲眼目睹了露体。②

他写诗，犹如灿烂的凤凰，重新拔地而起，终于为存在而骄傲，"预先没有任何人信以为真"③，凤凰从灰烬中再生，而且是自我再生。然而，他重读自己的韵文时发现复活的意愿只是隐隐渴望死亡。他给朋友们写信说，为了给自己勇气，总认为"一切诞

---

① 勒费比尔致马拉美的信（1866 年 7 月 15 日）。
②③ 引自《埃罗提亚德》，参见《马拉美全集》第 45 页。

生都是一种临终"①。毫无疑问，但在漆黑的夜里，垂死尤为明显，孩儿之所以自身概括生与死，是因为他等于死婴，仅此而已。这不，他把大绝对注入他的诗里，这个大绝对等于空无。创造者自我重新创造成虚无。难道不是用婉转的说法来诠释他自我化为乌有吗？他的笔难道是刻意断言唯有自杀才洗刷得了生的罪孽吗？在这种情况下必须一竿子插到底：自杀不只是一个词语，而且是一个行为。在1865年3月那些黑夜里，年轻的公务员，独自伏案写作，而孩子跟母亲在隔壁房间睡觉，他诚心考虑自杀。

然而突然之间，透过"充溢梦幻"②的方格窗，显现"世纪的现时四分之一循环或最后的四分之一世纪承受着某种绝对的闪光"③。我们这位英语老师猛不丁被抛入异乎寻常的冒险：他很快经历一波又一波"接近疯狂的时刻和起平衡作用的心醉神迷"④，

① 引自马拉美致勒费比尔的信（1867年5月17日）。
② 引自马拉美致弗朗索瓦·科贝的信（1866年12月3日）。
③ 引自马拉美《诗的危机》，参见《马拉美全集》第367页。
④ 引自马拉美致勒费比尔的信（1868年5月3日），参见《马拉美一生》。

于是决定自杀，向朋友们发出死亡通知书，受尽身心煎熬，直到有一天他的威尼斯镜子向他折射一个全新的人物："可爱的身心高度。"①

英语老师心醉神迷了："这是显现整个命运的时刻，但不是他的命运，而是大写人的命运。"② 所谓马拉美事件，到此为止，初审法庭来回审理，突然被最高法院提审：一个公务员硬想写作却写不出来，发觉他只是个大写的人。他的个人关切涌向心头时带着本性的雄浑：在马拉美身上大写人将不复存在，如果他首先创造不出作品；而《埃罗提亚德》，如果不是创作者从头到尾精心创作的，那么人类的大作将逃脱不了大厄运。简而言之，工人在着手干活计之前应当按照自己活儿的大概念自我脱颖而出。表现大写人的大作品和透过大作品表现的大写人应当是其自身摆脱大虚无：人类，于大无神论之初，一以贯之地被自我大起源的怪诞幽灵所缠绕、被刚死亡的上帝所烦扰。

① 引自马拉美《骰子一掷……》，参见《马拉美全集》第 470 页，此处"全新的人物"，暗指《伊巨图尔》主人公。

② 引自维利埃·德·利尔-亚当《阿克萨尔》，参见《马拉美全集》第 505 页。

同时，不出成果的诗人很烦恼，进而他的烦恼变成创作的绝对必然性和彻底的不可能性之间的全盘撕裂。马拉美这才懂得撕裂：是"大天性使然，世人插不上手的"[1]。"大灵感，即为大雅；大写人只是大喇叭，由上帝吹号。如同自我的大宇宙中，大写人自生自灭"[2]，而伟大的死神离开之后，只剩下一些机遇，大写人则是可笑的大号角，吹响大自然折射的咆哮。一个个偶然组成的链条使喉咙振荡，产生偶然之声。人们以刻意求工去替代不复存在的大雅是徒劳无益的。刻意求工有什么用？无非搞些偶然的组合拼凑而已，其散乱本身和相互外在性否认了人们刻意赋予的综合技巧。除了用些大胆而预言性的词语，被凝集在我们记忆里的，虽然尚不熟悉，却早已产生共鸣，难道是别的什么吗？上帝依然重新出现，还是老一套的大惋惜、大悔恨、大绝对，而世人则予以彻底的质疑。一场恶战。

"我与上帝进行骇人听闻的斗争，这个满身羽毛

①　引自马拉美《音乐与文学》，参见《马拉美全集》第647页。
②　引自马拉美《多首十四行诗》，参见《马拉美全集》第67页。

的老东西、坏东西，幸亏被垂死重危折腾得瘦骨嶙峋、病入膏肓的程度比我怀疑的还厉害，却依旧把我拖入大黑暗之中。我虽倒下了，却是战胜者……"①

　　马拉美或有缺憾的大意识：对世人而言，他身上发生以下冲突：个别与普遍，起源与终结，理念与载体，决定论与自主自律，时间与永恒（大时间与上帝），实在与本分，这些冲突并存。此公天生有"双重性"，表现为不可调和的双重人格：马拉美，一方面他是被起哄的教师，必将成为新普罗米修斯，本体论悲剧的主角，另一方面又是被侮辱的公务员，确信失败，却一刻也未气馁，追求替代上帝。他是感情用事之人，不害怕不虚荣，能接受历代大加冕，扛得下整个大历史："他单枪匹马，以个人名义完成社会变革，即革命；他毛遂自荐，脱颖而出，自行其是，如入无人之地，活得自在，无所不晓"②；他又是力不从心之人，把自己的双眼和思想借给大写的诗和大写

---

①　引自马拉美致卡扎利的信（1867 年 5 月 14 日），参见《马拉美一生》。
②　引自马拉美《骰子一掷……》，收入《马拉美全集》第 464 页。

的人，为了诗和人能够被企及和被发现，他把手借给它们去抓最后一次机会，去掷骰子赌一把；他还是梦想家，总那么阴沉忧郁，总那么心不在焉，却不怕笔录："我的……精神世界拥有一种天赋，能透过我是什么看清自己并发展自己。"①

此公谨小慎微，带有女人味儿的青年男子，几乎就像个女人，假如您问他的身份来历，他首先会很不好意思，然后兜几个圈子，最后才下结论说："这一切若通过我心理功能正常发展，是达不到的，但通过自我摧毁的途径，道德败坏又匆忙涉及的途径，魔鬼般的而又很容易的途径，产生的并非是力量而是一种感觉能力，命中注定把我引向我的归宿。就个人而言，我没有任何功绩。"② 至于身份称号，嘿！完全清一色："被上天选定的，选谁都行嘛，你或我。"③卓越的自豪感：壮大到成为大写的人，并拒绝一切功

---

① 引自马拉美致卡扎利的信（1867 年 5 月 14 日），参见《马拉美一生》。

② 马拉美致勒费比尔的信（1867 年 5 月 7 日），参见《欧仁·勒费比尔》，同上。

③ 引自马拉美《院子》，收入《一个主题的变奏》，参见《马拉美全集》第 414 页。

绩，刻意与上帝及任何人媲美。作为与大家平等的人，却比那些孤单的上等人更为上等的人，因为孤单的上等人总那么心惊胆战，比起系统摧毁他们决斗的大我，更乐意接受自愿毁形，与偶然性德行纠结在一起。应该明白，这不在于按照大人性的大观念重新自我组合，也不在于把大人类本质注入自我。一遍又一遍向我们大谈马拉美式柏拉图主义的人们是一些傻瓜或伪君子。马拉美如同帕斯卡尔坚信矛盾使我们分裂，但从来不信世人能够接受概念。人们并不构思大人类现实，而是体验它，因为大人类现实是悖论、是非合成的冲突。大写的人是人们腰佩宝剑将其提上上帝宝座的人，而此公却是扶不起来的阿斗。大写人是悲剧。这个悲剧，马拉美身体力行：他偶尔而能看到他的未来有一句美丽的诗金光闪烁，偶尔能听到一个陌生的旋律无言地在空中流光溢彩，之后拿不定主意，呆在沉思的悬念中，任凭诗笔悬在空中，最后很可能不胜恐怖地看到"老天布满雪片似的余光"[1]，这是雨果的一句诗，偶然飘过，借以复活这颗心脏和

---

① 引自马拉美《院子》，收入《一个主题的变奏》，参见《马拉美全集》第 414 页。

这个时刻。闪电般的悲剧，欺骗性的悲剧：

> 无法解决，因为不可接近，仅凭亮光状态，产生不了什么想法，因为展现失败的时刻是当机立断的，闪电般展开的。[1]

不妨放大一点来看：这个难以捉摸的悲剧改变了引诱我们的综合性未来，显示作为解析过去而存在，是海市蜃楼式大绽放：不妨再放大一些：它是一切创作企图的必然失败，抑或这么说吧，是在行动之后找回先前不多不少存在的需要。

"他掷下骰子，成败就此一举，十二点，时间子夜，创举者重新为自己找回载体、骰盒、骰子……"[2]

不开口则已，一说话："必定又是空洞无物。"[3]

悲剧来自于世人每每上当之后，这回总算真的上当了，统一性出现了，整体性出现了，有机综合性出现了。偶然性将被否认，人定胜天将被肯定。否："偶然性起作用的行为中，总是偶然性完成自身的大

---

[1][2][3] 引自马拉美《伊巨图尔》，参见《马拉美全集》第428页，451页。

理念，同时自我肯定或自我否定。"① 完全力不从心，不断否定自我，但又情不自禁地自我肯定，这就是大写的人，"怪人"哪！大写的人，即为"成不了爷的潜在爷们"，在我们每个人身上闪光之后消失。一切皆谎言，世人既非现实体亦非统一体，既无同一性亦无自主性。思想无非是思想的梦，一旦力求施展，即刻成为载体（媒介）：散乱的词语。一言以蔽之，唯有大载体存在于它荒诞而永久的馈赠之中。我们这些人都是载体的"虚幻形式"。诚然，发明大灵魂和上帝是"非常高尚的"。"但也非常荒诞，因为大载体在我们身心，并通过我们必然冲向大理想，因为大载体明明知道自己并非实在"②，虚幻的惊跳，"飞不起来的病痛预先令其偃旗息鼓"③。对我们而言，时间不是实在，而是给我们周而复始的失望划分音步的节奏。世人等待时机的同时不断消逝，以至完蛋。时时刻刻都是悲剧展开的"速度"，就是说闪电般地、反

① 引自马拉美《伊巨图尔》，参见《马拉美全集》第441页。
② 引自马拉美致卡扎利的信（1866年3月），参见《马拉美一生》。
③ 引自马拉美《骰子一掷……》，参见《马拉美全集》第461页。

常态地揭示未来已经属于过去。大偶然并不寓于实在，却与大写的人出现，而大写的人使其显现，是让它与自己的梦想对质，让目的之秩序与原因的无限链锁对峙：目的之秩序是大现实。每每某个协调一致的活动所导致的后果是以一系列原因凑到一起所产生的单纯结果显现出来的。人由偶然使然来到世上，徒然转过来反抗尘世：世人的每个行动都产生于刻意摧毁的命定性。这种徒劳的扭曲，这种自我的倒转，世人为之孜孜不倦以求。一代又一代无用的螺旋，正是大历史的运行。

回到起点：自杀，没有其他办法。但，马拉美依然想逃之夭夭，我们从世人失败的层面上寻找他的逃脱。我们已经看到他居高临下，静观世人之失败，将其作为他沉思的客体。我们也注意到他对自己力不从心进行反思，在反思自己无法如愿之后，竭力挖掘一些活下去的理由。事实上他怎么啦？几十亿时机中的一个，"大无限跟大绝对相对的许多机关之一"①。总之，最失常最不可信的机会，却也是继承者、直系继

①　引自马拉美《伊巨图尔》，参见《马拉美全集》第 434 页。

承人、儿子，他这一族最后的化身，一个系列必然的结果。这就轮到被憎恨的父亲"被放大了"，他变成大历史了。在机体和词语中，大历史和大继承逐渐铭刻一些噩运；每隔一代，在日益气势汹汹追求的纯正与日益明显的偶然之间，冲突都会加重一成。然而诗人还怀着无意识吟唱。那可是大美的时代，"完整和无意识的大美，唯一的、美哟"①。况且，"自从基督教兴盛以来，大美被吐火怪物②咬破心脏之后重生了，带着充满神秘的微笑，从牵强附会的神秘中，这头吐火怪物感觉到了自身实在的状况"③。因此，有朝一日，上帝死了，大绝对的老梦想必须毫不含糊地面对其被否认的绝对，必须让引爆混合气体最终炸掉，将其全部冲突统统炸个尽光。

马拉美只不过是这样的爆炸，别无其他。他是这一大族无用的运气和最后一代子孙，"我被投掷绝对"④，这个拼命自我摧毁的魔鬼只不过是长期疯狂

①③　引自马拉美致勒费比尔的信（1867 年 5 月 17 日），参见《欧仁·勒费比尔》。

②　古希腊神话中狮头、羊身、龙尾的吐火怪物。此处隐喻诗人。

④　引自马拉美《伊巨图尔》，参见《马拉美全集》第 434 页。

的结果，他的前辈们"充满偶然，仅凭其未来而活过来的"①。现如今，结局体现在一个可怜的人物身上，而他却被他的一族"抛出时间范畴"②。可怜的诗人早在少年时期就被抛到"螺旋形体的顶端"，并待在上面，高处不胜寒，被冻僵了，"动不了窝"③。在他身上，冲突不可能不落实到自我。大写的诗必须达到高度，之后自我否定。一言以蔽之，大写的诗必须成为有自我意识的诗或批判的诗。"现代诗首先是一种批判。这正是我在自己身上所觉察的，我只通过毁灭来创作诗，一切既得的真实皆诞生于一种印象的磨灭，印象闪出火花之后就泯没了。"④ 马拉美被自己一族投掷大绝对之后，所创作大写的诗是以其真正的形式设计的，即纯粹否定。但如此形成的概念，或称否定之否定，向他展示大写的人。所以，我在此运用黑格尔语汇并非出于偶然：马拉美通过维利耶熟知黑格尔，向后者请教，即使没学到一种体系，至少学

① 引自马拉美《伊巨图尔》，参见《马拉美全集》第 442 页。
② 同上，第 440 页。
③ 同上，第 450 页。
④ 引自马拉美致勒费比尔的信（1867 年 5 月 17 日），参见《马拉美全集》。

会一套术语，不管怎么说，同代的唯物主义深深给他打上烙印。他正从黑格尔受到启发才描绘出关键性大美，"通过人文科学在大千世界重新发现美的'相关阶段'，对美的溢美之词，比如：神秘地微笑着，恰似米罗的纳斯用那种永恒的平静，这种平静是受到蒙娜丽莎神秘启发的，因为她只知道体验命运注定的感觉"①。因此，人们从大美这三个阶段中将识别出黑格尔的节奏：现时的平静，向间接和不安过渡，"在我"与"为我"寓于主体大绝对中调和。唯一的区别，却是重大的区别：主体大绝对，此处即为马拉美。

事实上，谁都不怀疑，在"义务的矛盾鞭打"②下，他没有感觉到自己把他这一族的命运掌握在手上。大写的人是否从地球消失则处决于他。自杀成了种族灭绝，他觉得这是一个"完全荒诞"③的行为，但破坏了意识和他的梦想，从而把个人活动归还大无

① 引自马拉美致勒费比尔的信(1867年5月17日)，参见《马拉美全集》。
② 系马拉美术语，引自《论哈姆雷特》，参见《马拉美全集》第302页。
③ 引自马拉美《伊巨图尔》，参见《马拉美全集》第442页。

限，唯有自杀才可消灭大偶然。马拉美倘若自杀，那就是裁定人类只在自愿死亡下才能自我了结。您会说，他其实选择了活下去，我却没那么肯定：有时候他声称已经自杀过，"完全死亡了"[1]。人们似乎听到拉贝罗兹老爹在《伪币制造者》中声称："自星期三晚以来，德·拉贝罗兹先生已经中止生命"。别的时候，马拉美又承认"唯一的大行为"却是"成功地被避免了"。[2] 这些活人让人足以看出他作出斩首的决定，在他自己眼里，是相当模棱两可的。肯定这是一种逃避：1868年他认为自杀（包括谋杀）是极妙的行为，唯一得到我们同意的"超自然"行为，[3] 之后，他好像没有改变过自己的看法。也算是个胜利吧，不是对死亡的时刻，而是对出生的胜利。生命不再是他父亲赋予他的礼物，而是污秽的、意外的馈赠：马拉美自授生命，既然他把生的荣幸归于自己。死亡缓期的每次呼吸都是一次征服，一次生存的再肯

---

[1] 引自马拉美致卡扎利的信（1867年5月14日），参见《马拉美一生》。

[2] 引自马拉美《多首十四行诗》Ⅲ，参见《马拉美全集》第68页。

[3] 参见《〈麦克白〉中的女巫错误登场》，《马拉美全集》第348页。

定。既然不把自己摧毁，他就得自我再创造。但他自我再创造就像与自愿死亡发生了"双重性的关系"。其实，自愿死亡始终不断是他最隐秘的忧虑，是他眼下和私下可能发生的事情。他的作品对此经常进行这类影射，晚年他向科奥吕斯推心置腹地说，他不可能经过欧洲的桥而不企图卧轨自杀①。他暂时拒绝自杀的同时，把自杀变成自己生存的永久决心，一种固定而超验性标记，以替代陈旧的大绝对。

为什么要这个期限？而不决定马上一了百了了呢？因为还没有实现批判性大写的诗，只是着手设计，所以他不想死。当他把自己明知不可实现的大艺术清醒地当作诗歌主题毁坏，自己也目瞪口呆，无话可说了，而诗则将成为他固有的客体。由鉴于此，马拉美必须承担其前辈们的疯狂，他充分意识到这一点。

"在没有反问前辈们为什么他们孕育了我之前，我不愿意遭遇大虚无……未完成追尾我，唯其暂时玷污我的大绝对……"②

计划是明晰的：

〰〰〰〰〰〰〰〰

① 引自蒙多尔《马拉美一生》。
② 引自马拉美《伊巨图尔》，参见《马拉美全集》第451页。

"大声说话，以便把话重新投入空虚"。①

这就是说实现人类最终遇险，阴沉而光荣的遇险，然后躺倒在先辈们的坟墓上。这样，诗就大功告成了。同时，他为自己这一族辩护："我们这个大家族理所当然否认偶然……为了使继承者成为绝对……必然嘛：采掘大理念，有用的疯狂。"② 在这颠倒的人世上，由大继承者奠定自身的升华，因为这种疯狂的幸运结果可以根据"闪回幻觉"审视过去：一切将有序铺展，好像未来的大理念，尽管投入大历史的黑暗中消失了，却产生了组合大历史的要素。大灾难和大写的人死亡。大无限终于板上钉钉。这盏灯自行熄灭了，但不管怎么说是大千世界中一场冒险。因此，马拉美以"绝望者"身份尝试大作品。他将面对"大空无即大真理"，宣告"这些光荣的谎言"。③他甚至想在某个时候给自己未来的诗选取个书名：《谎言的光荣或光荣的谎言》。④ 螺旋体再一次自我扭

① 引自马拉美《伊巨图尔》，参见《马拉美全集》第451页。
② 引自马拉美《伊巨图尔》，参见《马拉美全集》第434页。
③ 引自马拉美致卡扎利的信(1866年4月)，参见《马拉美一生》。
④ 同上。

动：力不从心者吟唱自己的无能为力，马拉美把自己个人的失败变换为大写诗的不可能性，然后重新倒过来，把诗的大失败变换为大失败的诗。

当上帝活着的时候，谁也没想去质疑文学，天意授职嘛。按照创世的品级，文学享有永恒不变的地位，如同君主政体、军队、教会或商务。马拉美第一个提出这一至今依然现实的问题："某种像文学的东西存在吗？"① 确实如此，一道绝对的闪电点燃他的玻璃窗，在他之后，不再可能倒退了。自从他决定写作，是为了把圣言抛入一场没有退路的冒险，没有一个作家，不管多么谦逊，冒险写书而不得罪《圣经》的。圣言或大写的人是一码事。正如马拉美还说过："把人与其他事物区别开来的语言，依旧会作为仿制品模仿其他事物，本质上不亚于自然的；深思熟虑多于听天由命，自愿多于盲从。"② 满怀偶然的先辈们每当他们以为接近胜利时却遭受失败。随着马拉美的到来，一个新人诞生了，他有自省意识、有批判精神，富有悲剧性，其生命线则

① 引自马拉美《音乐与文学》，参见《马拉美全集》第 645 页。
② 引自马拉美《英文词语》，参见《马拉美全集》第 901 页。

是没落的。因为，马拉美这个人物是"为失败而存在"，本质上不同于黑格尔式的"为死亡而存在"，他投身未来并集中全力，自我超越并整合于升华和沉沦的闪电般悲剧中，他亢奋的同时自我了断。总之，他凭对自己不可能性的意识使自己"存在"。就这样，死而复生，他向我们递过来"他最后的精神宝石盒钥匙"。打开它，"不附带任何借来的印象"，"任其释放自己的奥秘"。①

"我死了，又带着我最后的精神宝石盒钥匙复活了。现在由我打开它，不附带任何借来的印象，于是宝岛的奥秘在非常美丽的天空释放。"② 必须为明明已知失败的事业而牺牲自己。当他获悉雷尼奥③的噩耗：围攻巴黎时被打死，他写道："想到亨利为法兰西而牺牲，想到法兰西不复存在，我并不真正伤心。他的死更为纯粹，在这独一无二的悲剧中大永恒胜过

---

① 引自马拉美致奥巴内尔的信（1866 年 7 月 16 日），参见《马拉美一生》。

② 同上。

③ 亨利·雷尼奥（生卒不详），很有前途的画家，为巴黎公社战死于比赞瓦尔战斗中，时年 28 岁。

大历史。"① 晚些时候，马拉美向奥迪隆·雷东②祝贺其版画表示他喜欢"朝拜初生耶稣的大博士，难以安慰的苦相，固执寻找他并不知道的存在奥秘，却义无反顾地追寻他清醒的绝望丧事之奥秘，因为这本来或许就是真理吧"③。天鹅的放逐，这个待在自己浮冰层上的囚徒，难道不是"毫无用处"吗？马拉美后来指出，他厌恶"公开操作对虚构故事进行亵渎宗教的拆卸，故而也是拆卸文学机理，以便炫耀主要部位，抑或卖弄虚空无为"④。后来他发表诗集时，一语道破玄机的是他书写在衬页上的第一道"致意"。这个词语依然是"大虚空"。

反正有一种经验应当尝试一下，不是尽管而是因为其结果是预知的；不管怎样，马拉美明白了他走错路之后走了回头路。那么，他的错误可能是什么呢？

---

① 引自马拉美致卡扎利的信（1871 年 4 月），参见《马拉美一生》。

② 奥迪隆·雷东（1840—1916），法国象征派油画家、石版和铜版画家。

③ 引自马拉美致奥迪隆·雷东的信（1885 年 4 月 23 日），参见《马拉美一生》。

④ 引自马拉美《音乐与文学》，参见《马拉美全集》第 647 页。

为耗尽疯狂他该怎么办？我以为黑格尔预先在《精神现象学》有个篇幅专为马拉美式的皈依作出最好的评论。黑格尔在描述从禁欲主义到怀疑主义的辩论过渡时首先指出禁欲主义的虚空形式主义。把善和真的说法替换为大美和绝对的说法，字里行间恰恰针对皈依前的马拉美："对于何谓善与真的问题，他再一次回答说是'无内容'之思想本身：真与善应当包括在合理中。但思想包括自身的这种同等性，只是再次表明纯粹的形式，而形式之中却没有任何确定的东西。因此，真与善，智慧与德行这样通用的习语，必然受到禁欲主义的关注，一般来讲肯定具有建设性的，但由于这些习语事实上不可能达到内容的任何延伸，很快会惹起麻烦。"[1]

斯多葛派的自由，如同马拉美的纯正性，不是表现在技巧之中，而是为自己规定特殊的目标，那就是形式，比如脱离事物独立性的形式，即返回形式本身。但，这种形式主义咎由自取，因为它把思想的纯形式与生命和经验的规定性对立起来。马拉美以及禁

[1]　引自黑格尔《精神现象学》第一卷第 17 页。奥比埃出版社出版，1947 年。

欲主义者的纯否定，若不想无果而终，必然应该重新寓于事物并从中以一种否定作用的形式表现出来。那将是怀疑主义，虚空禁欲主义的反命题和马拉美式大皈依的象征："怀疑主义是指纯概念那个东西的现实，的确现实的经验，即思想的自由体验，这种自由本身是否定的……思想在其种类繁多的规定中成为消除世人最完善的思想，自由的自我意识的消极性在生命多形式的构型内变成现实的消极性。"[1]

马拉美第一个动作是因厌恶生命而退却，对生命所有形式全盘质疑。但当他重读《埃罗提亚德》悲剧时，突然发觉全盘否定等于没有否定。否定是一种行为。一切行为应该寓于时间之中，践行某个特殊的内容。否定一切只能被视为一种破坏活动，只表现为一般的否定概念。

［……以下手稿遗失］

① 引自黑格尔《精神现象学》第一卷第 17 页。奥比埃出版社出版，1947 年。

马 拉 美

（1842—1898）

马拉美身为公务员的儿子和孙子，被一个令人遗憾的外祖母扶养，觉得很早就在自己身上滋长一种反叛，找不到爆发点而已。社会、大写的本性、家庭，他一概质疑，以至可怜的孩子在镜子中发现自己脸色苍白。但，质疑的有效性与其广延性是背道而驰的。当然必须把世界炸个稀巴烂。但怎么达到目的而不弄脏自己的手呢？一颗炸弹与一个帝国宝座是可相提并论的，前者更为恶劣一点罢了；为了把炸弹放到必要的地方是需要许多阴谋和妥协的。马拉美不是，也不会是无政府主义者：他拒绝一切一对一争斗，他的暴力，我决无讽刺之意，如此完整，如此绝望，以至转变成平静的暴力理念。不，他不会把世界炸个稀巴烂，却将其加以限制。他选择彬彬有礼的恐怖主义，跟事物、跟世人、跟自己，他始终保持一种难以觉察的距离。他刻意首先在诗中表达的正是这种距离。

在马拉美早期的诗中，他写诗的举动首先是一种"再创造"。重要的是让自己确信自己着实处于应该在的地方。马拉美痛恨自己的出身。他写诗为的是要把自己的出身抹去。正如布朗舒①所言，散文世界自满自足，不应该指望它主动向我们提供超越它的理由。诗人之所以可以把诗的客体孤立突出于尘世，是因为他已经屈从诗的要求。一言以蔽之，是诗孕育了他。马拉美始终把这种"天职"设想为绝对命令（康德术语）。推动他的，不是印象的紧迫性和丰富性，也不是情感的强力性。那是一道"命令"："你将通过你的作品显示你与大千世界保持距离。"确实，他早期的诗一味以大写的诗本身为主题。有人已经指出，他青年时期诗歌不断关注的大理想一直是一种抽象，一种单纯否定的诗歌变异：这是必须走近的不确定区域，尤其当人们与现

①　莫里斯·布朗舒（1907—2003），法国作家，著名评论家。

实渐行渐远的时候。这个区域将当作托辞使用：人们将隐藏怨愤和仇恨，以便避开大存在，同时声称离开是为了与大理想为伍。

然而，本应相信上帝，因为上帝为大写的诗作担保。前一代的诗人们是一些小小的先知：上帝通过他们的嘴说话。马拉美不再相信上帝。然而毁伤的意识形态不是一下子坍塌的，在思想里还剩留着残垣断壁。马拉美亲手把上帝扼杀之后，仍想保留一份神明的担保；大写的诗必须保持超验性的，尽管他把整体超验性的源泉堵死了：灵感只能产生于污源浊泉。那么诗的需求建立在什么基础上呢？马拉美依旧听得到上帝的声音，但他依稀识别出大自然模糊的嘈杂声。由此一到晚上，有人在房间里窃窃私语，喔，原来是风。抑或风声，抑或祖先：确实人间散文启示不了诗人，确实诗句要求曾经存在过，确实诗人听到内心吟唱后将其笔录。但，经过一番鬼使神差，新的诗句就这么诞生了，其实是一句旧诗复活再生而已。因此，所谓诗篇从我们内心冒出嘴唇，事实上是从我们记忆重新涌现而已。灵感？只不过是模糊回忆罢了。马拉美隐约瞥见自己一幅青春形象在未来中向他招手，他走近一看，原来是他父亲。或许时间就是一幅幻象：未来只不过是过去在人眼中反常的表象。这种绝望，马拉美称之为他的力不从心，因为他迫使绝望拒绝灵感的一切源泉和一切诗歌题材，尽管不是大写的诗抽象和形式的概念，但促使公设一整套形而上学，就是一种分析的、近乎斯宾诺莎式的唯物主义。载体（媒介）之外什么都不存在，它是大实在的永恒浪花。

　　　　自我空间扩大也罢、被否认也罢，如出一辙。

世人的出现，对世人本身而言，把永恒改变为时间，把无限改变为偶然。有鉴于此出现本身，原因的无限及永恒系列是得以存在的一切；知性（康德术语），即完整的理解力，也许把握得住绝对的必然性。但对于一种有限样态而言，人世作为一处永久的相遇而出现。作为一种偶然的荒诞连续而出现，假如这是确实的，那么我们理性的论据跟我们心情的依据一样失常，我们思想的原则和我们行动的种类皆为诱饵：人是难以实现的梦想。因此，大写的诗人之力不从心象征着世人的力不从心。只有一个悲剧，始终如一的悲剧，"即刻了结的悲剧，展现世人失败时，铺展得风驰电掣"①。悲剧在于：

"他掷骰子……谁创造谁重新获得载体、骰盒、骰子。"②

过去有骰子，现在有骰子；过去有词语，现在有词语。人：过眼烟云的幻象在载体的运行上空烟云过眼。马拉美，这个纯载体的人物，决意产出高于载体的秩序。他的力不从心实属"神学性的"，上帝之死给诗人创造了替代上帝的义务，但他失败了。马拉美是人，像帕斯卡尔那样的人，是用戏剧言语表述思想的，而不是用实质言词表述的："潜在的上帝成不了上帝"③，他以自身不可实现性为自己定位。"写作这种荒唐的游戏，根据某个怀疑，便为自己窃取某种义

①　引自马拉美《伊巨图尔》，参见《马拉美全集》第 428 页。
②　同上，第 451 页。
③　引自马拉美《论哈姆雷特》，收入《戏剧草图》，参见《马拉美全集》第 300 页。

务，以便重新创作一切，但使用的却是一些模糊回忆。"① 然而，"天然既成，硬要加是加不进去的"②。在没有未来的时代，被某个国王巨大的力，或被某个阶级无可争议的胜利，挡住了去路，那么创新好像是一种纯粹的模糊回忆：言已道尽，为时已晚矣。后来不久，里博③创立有关力不从心的理论，把我们的心理形象和回忆组合在一起了。这样在马拉美作品中，我们窥见一种悲观主义的形而上：载体，即无定形的无限性，或许包含一种朦胧的欲望，为了认识自己而反顾自我，为了挑明朦胧的无限性，这种悲观主义的形而上产生一些思想碎片，人们称之为世人，这类四分五裂的火焰。但，无限的分散既攫取又扩展大理念。这样，世人与偶然，相依交替共生。世人是失败者，"次品中之次品"。人的伟大在于带着制造的缺陷一直活到最终爆炸。

是爆炸的时候了吗？马拉美在图尔农、在贝桑

① 引自马拉美《论维利埃·德·利尔-亚当》，参见《马拉美全集》第 481 页。

② 引自马拉美《音乐与文学》，参见《马拉美全集》第 647 页。

③ 里博（1839—1916），法国哲学家和心理学家。

松、在阿维翁①非常严肃地考虑过自杀。首先这是非此不可的：如果说人难以为继于实在，那么必须把这种难以为继性表现出来，将其推至自我摧毁。由此，我们行动的"原因"不会是载体了，但只此一次，下不为例。实有只出产实有，诗人之所以由于不可能性而选择实无，是因为"大否"成了虚无的原因：人类秩序，通过大写的人消亡本身，建立起来去对抗上帝。在马拉美之前，福楼拜已经在《圣安东尼的诱惑》中尝试诱惑圣安东尼，劝道："你去死吧。做一件使你与上帝并驾齐驱的事吧，想一想嘛。上帝创造了你，而你就要摧毁上帝的作品啦，你，凭你的勇气，随心所欲就是了。"② 难道这不是他想要的吗？他从自杀中思考某种恐怖主义的东西。难道他没有说过自杀和罪行是人们能做出唯一"超自然"的行为？③ 他属于把自身的悲剧与人类的悲剧混为一谈的那一部分人，由此使他们得救，故而马拉美一刻也不

---

① 马拉美先后在图尔农、贝桑松、阿维翁连续担任英语教师。
② 引自福楼拜《圣安东尼的诱惑》(1848—1874)。
③ 参见《〈麦克白〉中的女巫错误登场》，收入《戏剧草图》，《马拉美全集》第348页。

怀疑，他若自杀，人类将会全体寓于他而死亡，这种自杀等于一场种族灭绝。消亡意味着向上帝归还其纯粹性。既然偶然随大写的人突然出现，也随大写的人消亡："无限最终脱离诗族，为此诗族吃尽苦头，这个老空间，没有偶然了……此事应当可以发生在大无限相对大绝对的组合中。"[1] 经过几代诗人，慢慢地，诗的理念反刍使其变成荒谬的矛盾，上帝的死亡使最后的面纱落地：留给诗族最后一代去体验寓于诗族中的这类矛盾，并因此而死亡，给人类历史定下诗的结论。牺牲与种族灭绝，对人的肯定与否定，马拉美的自杀再次产生骰子运动：载体重新回归载体。

然而，危机之所以没有因为他的死亡而得到解决，是因为一种"绝对的闪电"来敲他的窗玻璃[2]：马拉美在自愿死亡的这种亢奋的经验中，突然发现自己的学说。自杀之所以有效，是因为自杀以否定的"痛苦"替代对整体实有的抽象及徒然的否定。借用黑格尔的话，可以说马拉美思考了绝对行为之后，从"禁欲主义"，即思想面对实在的纯形式肯定，过渡

〰〰〰〰〰〰〰

① 引自马拉美《伊巨图尔》，参见《马拉美全集》434 页。
② 引自马拉美《诗的危机》，参见《马拉美全集》367 页。

到怀疑主义。即"禁欲主义仅仅是概念这个事实得到实现了……怀疑主义的思想变成完美的思想，把世人消灭在自身种类繁多的决定之中，而自我意识的消极性变成实在的消极性"[1]。

马拉美的第一个动作就是因厌恶而退却，进行包罗万象的谴责。躲在螺旋的顶端，这位大写的继承人"不敢动弹"[2]，怕掉下来。但他意识到普遍否定等于否定不在场。否定是个行为：一切行为都应当纳入时间，并施加特定的内容。自杀是个行为，因为它确实毁灭一个人，因为它以一种外无出没于世。假如大写的实在（上帝）是散乱的，那么失去实在的人获得一种不受腐蚀的单一性，进一步说，他的不在场给宇宙的实在施加一种强制性影响。这与亚里士多德学说的形式相同，不在场把万物紧紧围住，将其秘密的单一性渗透进去。这正是自杀冲动本身，必须在诗中再现。既然人不能被创造，却又保留毁灭的资源，既然自杀通过消灭这一行为被肯定，那么诗将是一种毁灭

① 引自黑格尔《精神现象学》第一卷第171页，奥比埃出版社，1947年出版。
② 引自莫里斯·布朗舒《失脚》，加利马出版社，1943年。

工作。大写的诗，从死亡的角度来看，正如布朗舒说得再好不过，是"这种言语，其全部力量在于实无，全部荣光在其本身不在场时召唤一切不在场"①。马拉美可以很自豪地给勒费比尔写道：大写的诗已经成为批判性的。他不惜一切冒险的同时，在死亡的磷光下发现自己处于世人和诗人自身本质之中。他并没有放弃谴责"一切"，只不过使其谴责更有效应。但很快他就能写下："诗是唯一的炸弹"②，以至于他有可能以为自己真的自杀了。

因此，诗诞生于诗人自杀，以及他的"口头表述消失"。雨果的诗，戈蒂埃的诗，在他们各自的演说激情中，依然带着他们各自的主观性；词语好像还被一口气粘接着，甚至没有任何一个词语明晰地反馈作者，语句标记着一个方向，不失为诗人的一个举动，总之，留有稍为太浓的主观味道。然而创作不是一种思想，而是一个行为：语句产生一个客体，该客体转过身子反对语句，其意义，如果有什么意义的

---

① 引自马拉美致勒费比尔的信（1867 年 5 月 17 日）。

② 马拉美原文为："我不知道除了书以外还有别的什么炸弹。"参见《马拉美一生》。

话，只出自客体。在散文和经典诗歌中，意义先于客体，而客体成为意义的载体。但决意创作"无世人之诗"的人会拒绝把词语隶属于预想的意义。相反，他会把词语加以编排，使得一个意义出自词与词的重新组合。词与词的"不相等"造成紧张和含义片面，继而组合成一种"最新的、完整的意义"①。语句的统一性并非起因于一种思想的概括，而思想"划线为界"，把词与词连接起来；更恰当地说，那将是一种闪烁其词，一个难以确定的词义，是从言语散乱之间冒出来的。诗首先是对诗人的否定：这是一个"物质"客体，使人联想到一种精神意义。语句，以其内聚力替代主体的肯定力，是"实在"而并非意念。必须将其理解为像树木或天空之类，不像人为划的一条线。我，读者，待在语句前：它是永恒的。既然在言语中集聚肯定力，即主观性，人们将把言语消除，每个能够消除的地方，或者将其隐藏起来，或者将其放逐到句子不显现的地方。意义，不是被肯定的，而是被发现。但有个持续时间：词语"因其互相之间

① 引自马拉美《诗的危机》，收入《一个主题的变奏》，参见《马拉美全集》第366页。

折射而发亮",这是"一串火的痕迹"。① 所有这些词语好像勾勒一个序列。然而,马拉美也讲闪光,也讲雷电,就是说一刹那。事实上,是我们一个字一个字读下去,是我们的目光流连于这些字字珠玑。所谓序列,是指其中包含"诗的可逆性"。从而马拉美的语句和句法是"有名无实"的。诗一旦与诗人分离,便是言语的孤牌,好像惰性的证明,以偶然并列出现在读者面前,而恰恰是这种偶然并列一劳永逸地排除偶然:把刻有字母的方体骰子孤注一掷,立方体字母拼在一起所得的词是:康斯坦丁堡②。马拉美的诗是作为惰性的惰性证明。"我"有时在诗中出现,也还是从言语深层冒出来的,这个"我"既针对所有人,又不针对任何人,但并非诗的"作者"这样的人。

言语在人们说话的当口儿是现时的,否则是死的,词语被困在词典里。这样的诗,没有人吟的,只能当作一束花,根据花色搭配选择或像宝石调配整

---

① 引自马拉美《文学中的神秘》,参见《马拉美全集》第386页。
② 此处萨特隐喻:诗帝或诗霸:东罗马帝国及奥斯曼帝国首府,由康斯坦丁一世大帝(270—337)于公元324年首任罗马帝国皇帝。

合，肯定默不作声。马拉美之所以一辈子梦想搞书法，（他只在《骰子一掷……》不太完美地实现了），诚然不是为了用外加的表达方式来丰富诗歌，而是因为不给偶然留下任何东西，也不是为了从词语剔除其最后的口语性。他出手使"船倾斜"了，抑或"用词语"做了一顶哈姆雷特的直筒无边高帽，就像某个素描家勾勒的拿破仑头像周围簇拥一些裸体女人。笔画，是指词语首先被吸入其写书功能里，给人看的嘛，如此定位之后，其意义就成为上下文中词义限制。意义，当它在作文的主观秩序中占首位，在客观秩序中却占末位。诗人的口语消失之后，笔语被限制于事物以及自然现象：诗的自杀招致言语本身的毁灭，也会引起读者的主观废除，而读者通常喜欢向作者借其主观性，而这次却面对紧紧封密的客体，他看得见却进不去，就像瓦莱里①笔下的苏格拉底面对他的卵石②。没有作者就没有读者，否则勉强算个凝视

① 保尔·瓦莱里（1871—1945），法国诗人、评论家、思想家，法兰西学院院士。此处引自其诗《欧帕利诺斯或建筑师》（1921）。
② 苏格拉底面对他的卵石，看得见光滑的表面，却看不懂卵石的涵义。

词典单个儿发呆的见证人罢了。

　　抹煞词语必然伴随抹煞事物。马拉美，在抱有禁
欲主义蔑视的时期，拒绝谈论客体，对自己灵感的紊
乱起源惴惴不安。他错了。上策是诗表现世界以及世
上存在的一切，而不是为了"给"我们什么东西或
从我们取走什么。世上的东西，不再存在之时，正是
我们赏识它们怪异之日。因此，某些亲近的人不在场
或死亡正好让我们光去发现他们谦逊的美德。"没有
留下任何实在性，物质的实在性蒸发为文字。"①"涵
义"，是指变为实在的一种意义，但它的纯粹在场却
实现了一种虚空，与倾向于变成纯物质性的词语有关
的一种错位，涵义是沉默中的第二沉默，是对物化词
的否定。这个涵义不是口头说出来的，若有人说出
口，涵义就消失了。马拉美的诗是不被朗诵的：怎么
朗诵一张桌子、一块宝石呢！只不过某些客体"不
在场"罢了。这里不涉及某个唯一实在的单纯缺陷，

~~~~~~~~~~

　　①　引自马拉美致比利时诗人乔治·罗当巴克的信（1888 年 3 月
　　　　25 日），谈及其诗集《沉默》，参见《马拉美通讯集》，加利马
　　　　出版社。

而涉及"一种震荡性消失"①，就是说每个不在场向更广阔更普遍的不在场开放，到头来，一旦以诗形式出现的言语回到尘世，全世界便避之不及。客体，在场时，大量分解；不在场时，虚空得像挥发性甜烧酒那样发挥作用。所以，这样的客体"名不见经传"。

当然，一旦词语被物化，其意义便蒸发了。但这还不够。人们还应当利用这种震荡性消失去命名"其他东西"，比如被涉及的客体，以至其不在场首先作为被命名客体某种不足而得以实现。这样，被讽喻词涉的客体首先是对讽喻的否定，但其不在场却发挥着一种综合力作用，因为第一阶段的整体词语及客体不在了嘛。人们曾经常谈起马拉美的柏拉图主义，因为柏拉图思虑（eidos），尽管镇静、不变、不在场，却也能完成感觉多样性的统一。但，马拉美是彻底的唯物主义者，想不到去迎合大思想，更不会把所谓的大思想交给我们去推敲。他心知肚明这些大思想并不存在，他的工作旨在陈述大思想不存在，定性

① 引自马拉美《音乐与文学》第647页和《诗的危机》，参见《一个主题的变奏》第368页。

为一种单纯的不在场：所谓的大思想是大实在的外无，以至于一起死亡是人世的一次不在场。所以，关键不在于找到理想的、心智的现实结构①，而在于"处理"任何东西要用某种技巧，去把所选的客体掏空其物质，让其具备像思想那样的运作功能，就是说像综合的、超验的多样性统一体那样运作功能。但再一次言语变为沉默，这是第二阶段。这不，马拉美式的话语结果是要使在被涉及的客体地平线上冒出另一个未经命名的客体，其意义却不由话语来确定。比如马拉美写道：

> 荣光的炭火，血红的海浪泡沫，黄金，大风浪……②

他硬是不肯说："日落"。但他感染了读者，以致日落西山也是五彩缤纷的"非话语"统一体："最高的艺术……在于永远唱不出东西，揭去精妙的、被凝视的东西以及沉默的面纱，恰恰是面纱掩盖的东西

① 柏拉图以心智世界比照感性世界。
② 引自马拉美《胜利的逃跑》，收入《诗集》，参见《马拉美全集》第68页。

诱惑着我们，其涵义之秘密于是隐约显现。"① 所以说，诗是大实在中凿开的一个洞，是一种不在场的确定和定界，这种不在场渐渐地、从隐语到隐语，自成体统。通过诗，尘世整体的不在场，在尘世的某个点上，自我实现；在诗句内部，化学技术融解词语及其含义：诗人确立"隐秘的同一性，通过一对一地以核心纯正的名义去侵蚀和利用客体"②。

因此，原始灵感的出处就无关紧要了，诗句最初起于波德莱尔和邦维勒的那些朦胧回忆也就不足介意了。出于回忆的诗句，马拉美用来充当媒介，经过百次酸处理，最终提炼出"这瓶毒汁，这种可怕的滴剂"，必将剥夺读者进入天堂。③ 每当他重审自己的旧诗，着力重新加工，而不是把旧貌换新颜，并非让力不从心的魔鬼重新掌控：这是因为他对出发点"实实在在"无动于衷。

~~~~~~~~~~

① 引自马拉美致维埃莱-梅里莱的信(1891 年 8 月 8 日)。

② 引自卡扎利致马拉美的信(1867 年 8 月 5 日)，参见《马拉美一生》。

③ 引自乔治·布莱《马拉美的空间和时间》，出版者及出版时间不详。

诗，正如圣·波拿文都拉①的世界，架构在层层叠叠的意义上，其低层暗示性地引导上层。随着一层层往上垒，每一层对前一层的概括性逐渐加大，我们可以说这是马拉美的逻辑主义，这有助于人们将其视为圣言的冷漠工匠。其实，不妨说他像黑格尔，他的泛逻辑主义是一种泛悲剧主义的另一面。一个诗人在自己的诗中完成自我灭亡，不会是一个纯"形式主义者"。他全部诗主题，可以毫不反常地说甚至一些应时的诗句主题，都是大写的诗。怎么可能不是呢？既然我们处于批判性大写的诗时代，其自身就是批判对象嘛。然而，由于批判性直觉——假如人们敢于把"批判性"与"直觉"如此连起来使用——向大写的诗披露其自身固有的不可能性，诗的"美学"主题于是就混同于"人类力不从心"这个人类实在的主题。自杀性诗歌的主体一般来说是大人性自杀，尤其影射悲剧性行为，比如人的自杀。在这层意义上讲，马拉美自己是在场的，就像一个抒情诗人对待自己诗那样，但不是以同样的方式。他的厌恶、他的逃逸、

---

① 圣·波拿文都拉（1221—1274），意大利基督教神学家。

他的无能、他的绝望和他的自杀始终在自己的诗中"体现出来",不失为他的个人冒险成为对人类冒险的一种讽喻。今后不必为其灵感全凭个人经验的来源更加操心,更没有必要蔑视个人的出身以及血缘来历。确实,他是偶然和遗传的产物;确实,正如布莱所云,他被夹在两个世界之间:"一个真实的物质世界,其偶然的结合在他身上却由不得他而产生了,另一个世界是虚假的理想世界,其谎言使他瘫痪使他着魔。"① 但诗人们长长的链子连接到他时,恰逢指定他为先知,导致他必须把人类矛盾暴露无遗。他被选定了。在他身上,大写的诗被认出来了,并被由此产生的灵感而激发的诗篇所摧毁。他系统重走的路引导他从盲目的载体实至名随现代人,并以自己最大的纯粹性永远上演失败与死亡的神圣剧。

然而,这种平和的悲剧只不过是诗的最终含义,说到底,一切必须消亡。所以,马拉美在其《诗歌全集》第一页上写下"子虚乌有"并非偶然。既然诗是人与大写的诗之自杀,那么实有必将以自杀死亡而告

① 引自乔治·布莱《马拉美的空间和时间》,出版者和出版时间不详。

终，诗歌丰满成熟之日必将与之凋萎衰败相对应。因此，这类诗的"变异"真实性正是大虚无：

子虚乌有

不会有

而有之。①

众所周知，马拉美独创的异常逻辑，在他的笔下，一条花边只在打开床笫的不在场时才消失，同时"没有饮料的纯瓷花瓶"② 气息奄奄没有任何东西可呼出，以此宣示一朵看不见的玫瑰花，抑或一座坟墓只在"唯一缺少粗拙的花束时才被阻塞"③。

童贞女，生命力和美丽的今天。④

这句诗是消除诗的内涵极好的例子。今天带着未来只是一个幻象，现今简化为过去，于是一只天鹅回

---

① 引自马拉美《骰子一掷……》，参见《马拉美全集》第 474 和 475 页。
② 引自马拉美《诗篇另编及十四行诗》，收入《诗集》，《马拉美全集》第 74 页。
③ 引自马拉美《献礼与坟墓》，参见《马拉美全集》第 69 页。
④ 引自马拉美《多首十四行诗》第二辑，参见《马拉美全集》第 67 页。

忆起自己，不抱希望，一动不动地做着"蔑视一切的冷梦"①：一个凝似的动态消失了，留下无边无际的、难以区分的冻结表面。色彩和形式的爆炸向我们显示一个令人感受得到的象征，把我们带回人类的悲剧，而人类悲剧则消融在大虚无之中：这就是这些前所未有的诗篇内在的波动，既是无声的话语，又是以假乱真的客体。到头来，这些客体的消失本身令人想起某个客体的轮廓，而该客体"逃之夭夭，不见踪影"②，其美本身将作为一个先验的证据，以至"实在的缺失"正是"实在的一种方式"。

虚假的证据：马拉美太清醒了，不至于不明白任何个别经验都不会以人们制定原则的名义去反对这些原则。当偶然处于初始，"一掷骰子决不会把偶然消除"。但"在偶然进入赌注的行为中，却总是偶然完成自身的大理念，同时自我肯定或自我否定"③。在诗中，则是偶然自我否定，大写的诗诞生于偶然，却反抗偶然，在消除偶然的同时消除自我，因为其象征

① 引自马拉美《多首十四行诗》，参见《马拉美全集》第68页。
② 引自马拉美《多首十四行诗》，参见《马拉美全集》第99页。
③ 引自马拉美《伊巨图尔》，参见《马拉美全集》第441页。

的消除等于人被消除。但所有这一切，其实，只不过是一场巧妙的欺骗。① 马拉美的讽刺来自于他心知肚明自己作品的绝对虚荣和全盘必然性，并从中识别出一双无法综合的对立，永远互生互斥：偶然创造必然，世人的幻想；必然性创造偶然性，作为限制必然性和从反面规定必然性，在诗句中必然性"一音步一音步"② 地否定偶然性，反过来偶然性又否定必然性，因为词语的"全部涵义都用上"（full‑employment）是不可能的，所以必然性再反过来以诗篇和大写诗的自杀来消除偶然性。在马拉美身上寓有一个忧郁的故弄玄虚者：他在朋友们和子弟们中间创立并维持一种炼金术的幻想，似乎突然之间尘世就消失了。他声称准备进入这个境界，但心里完全明白是不可能的。只要他的生命本身表现为隶属于这个不在场的客体：对地球进行崇拜俄尔甫斯神秘教理和仪式的解释，其实只不过是大写的诗而已，我不断言他没有思考过自己的死亡，因为他不得不无限延长与崇拜俄尔甫斯神秘教理的关系，作为诗人的最大野心，以及不

① 引自马拉美《音乐与文学》，参见《马拉美全集》第 647 页。
② 在法语诗中一音步为二音节。

得不无限推迟他的失败，作为世人悲剧性的不可为而为之。一位死于 25 岁的诗人，因感到自己力不从心而倒下：这是一则社会新闻。一位 56 岁的诗人死于他逐渐把握自己所有的手段，并正准备开创自己的作品：这是人本身的悲剧。马拉美的逝世是一个值得纪念的奥秘。

然而这却是一个实实在在的奥秘："他自己真实的丑角"①，马拉美向所有人上演独角悲剧达三十年之久，他经常梦想把这个独角写下来。他曾经是"不能成器的潜在爷们，大伙儿的青春影子，因此很像神话"，把他的在场强加给活着的人们："他的在场会引起令人担忧的或阴森森的侵犯感，所以他显得很谦让，一种精明而衰败的谦让。"② 在这部戏的复合体系中，他的诗篇若追求完美则必将失败。因为，诗篇抹煞语言和尘世是不够的，甚至把自身抹煞也不够，还必须让诗篇从一部前无古人后无来者的作品来看处于无用

---

① 引自马拉美《论维利埃·德·利尔-亚当》，参见《马拉美全集》第 495 页。

② 引自马拉美《论哈姆雷特》，收入《戏剧草图》，参见《马拉美全集》第 300 和 302 页。

的初稿状态，尚未正式开始就被一起偶然死亡阻止了。一切都在"秩序之中"，如果人们在一起偶然死亡的启示下看待这些象征性自杀，在大虚无的启示下看待大实有。通过始料未及的死灰复燃，这场可怕的毁灭赋予"已经完成"的每一篇诗一种绝对的必然性。诗篇最令人心碎的涵义来自令我们鼓舞的东西，来自作者根本不把诗篇当回事儿。诗人给自己的诗篇作最后的润色，是在死亡的前夕，佯装只想到自己未来的作品给自己的妻子和女儿写道："因此，把这些诗烧了吧：这里面没有什么文学遗产……但请相信这应该是非常美的。"[1] 真言？假话？但正是马拉美其人，正是马拉美刻意成为的人：其人奄奄一息于原子解体或太阳冷却的大写圆球上，想着他决意建造的社会，喃喃自语："请相信这应该是非常美的。"

勇士、先知、占星家、悲剧演员，这个谨慎的小个子男人，有女人腔儿却对女人不感冒，无愧于死于我们这个世纪之初：他预言了新世纪。他比尼采更多更好地体验上帝的死亡；比加缪早得多感受到自杀是

---

[1]　转引自蒙多尔著《马拉美一生》。

人应该向自己提出的原始问题；他每天与偶然作斗争，其他人接过他的斗争却超越不了他的澄明，因为总而言之，他寻思：从决定论中能找到一条解脱的路子吗？可以把"实践"倒转过来并重新找到主观性的同时把宇宙和自己缩小为目标吗？他把还只是一个哲学原则的东西运用到大艺术上，而有关一个哲学原则的东西本应该成为一条政治箴言："创造并在创造的同时创造自己。"① 在技巧大发展之前不久，他发明了大写诗的一种技巧。在泰勒②敢于动员世人使他们的劳动效益最大化的同时，马拉美调动语言确保词话的全额效率。但我觉得更触动人心的，却是他全身心诚惶诚恐地体验的那种形而上焦虑。没有一天他不因力不从心而企图自杀，他之所以活下来，是为了他的女儿。但这种延续的死亡赋予他一种既可爱又毁灭性的嘲弄。他那"与生俱来的感悟"③，造就一种艺

---

① 马拉美的原文："面对稿纸，艺术家创造自我。"引自马拉美致勒费比尔的书信(1865)，收入通信集《欧仁·勒费比尔》。

② 泰勒(1856—1915)，美国发明家，工程师，被称为"科学管理之父"。

③ 马拉美语，参见《论二十岁的理想》，收入《马拉美全集》，第883页。

术，即在他的日常生活中发现并建立一种"两眼对两眼的折磨"，把世上所有的客体一股脑儿塞了进去。他是百分之一百的诗人，全身心投入以诗的批判性摧毁诗的斗争中；与此同时，他又置身度外：

> 我，这个寒穹的精灵！
> 从臀部和弹抖中横空出世。①

他自我审视：如果物质产生思想，也许物质的清晰思想可以逃避决定论，是吗？因此他的诗本身是离题的，不着边际。一天，有人给他寄去几幅他喜欢的画，他却特别看重一幅面带微笑和忧伤的老占星家，说道："我完全赞赏这位劝解不了的伟大占星家，他明明知道某个奥秘不存在，却一味固执探求，永不放弃其清醒的绝望，因为也许原本就是真实可信的。"②

~~~~~~~~~~~~~~~~

① 引自马拉美《诗集》，参见《马拉美全集》第74页。
② 引自马拉美致奥迪隆的信（1885年2月2日），转引自《马拉美一生》。